可靠性赋能

卓越企业的黄金法则

伍湘平
编著

電子工業出版社
Publishing House of Electronics Industry
北京·BEIJING

图书在版编目（CIP）数据

可靠性赋能 ：卓越企业的黄金法则 / 伍湘平编著.
北京 ：电子工业出版社，2025. 5. -- ISBN 978-7-121
-50134-0

Ⅰ. F632. 765. 3

中国国家版本馆 CIP 数据核字第 20255CL923 号

责任编辑：牛平月
印　　刷：河北迅捷佳彩印刷有限公司
装　　订：河北迅捷佳彩印刷有限公司
出版发行：电子工业出版社
　　　　　北京市海淀区万寿路 173 信箱　　邮编：100036
开　　本：880×1 230　1/32　印张：7.125　字数：159.6 千字
版　　次：2025 年 5 月第 1 版
印　　次：2025 年 5 月第 1 次印刷
定　　价：68.00 元

凡所购买电子工业出版社图书有缺损问题，请向购买书店调换。若书店售缺，请与本社发行部联系，联系及邮购电话：（010）88254888，88258888。

质量投诉请发邮件至 zlts@phei.com.cn，盗版侵权举报请发邮件至 dbqq@phei.com.cn。

本书咨询联系方式：（010）88254454，niupy@phei.com.cn。

推荐语

从北航到华为：一位可靠性工程师22年的技术苦旅。

——北京航空航天大学教授 康锐

伍湘平是我的老师也是我的师兄。我是在读本科期间认识他的，康锐教授邀请他作为优秀校友代表来给我们讲述华为是如何重视和开展可靠性工作的。讲座内容忘记了，就地记住了这位带着华为光环的偶像大师兄——太棒了！

而了解他是在我工作之后。康锐教授带着我去华为拜访他，一路上听康老师讲起他在华为的很多故事，但只记住了华为初闯国际江湖，第一次遇到超高可靠性指标时，正是他只身去见客户并交流可靠性需求的！这也是我第一次如此深刻地感受到可靠性的重要性！师兄超棒的！

2020年之后，我与华为的项目合作开始增多，覆盖了华为不同的可靠性部门。他们常常向我提一些需要深入思考和缜密推理后才能回答的问题，但我很享受这样的挑战，也因此感受到了华为可靠性工程师的坚韧、追求极致的性格。不仅如此，我也惊叹于华为内部高效且几乎没有壁垒的信息沟通和架构管理。而拜读了师兄这本《可靠性赋能：卓越企业的黄金法则》后，我才意识到，这种性格和力量不就是传承于当年那位没有床垫就睡在破旧厂房湿冷地面的伍湘平师兄吗？！自带光环的师兄，请受我一拜！

——北京航空航天大学教授 李晓阳

作为可靠性的深度受益者，我们公司在实践中印证了本书不少方法论的价值，它为我们赢得市场竞争提供了巨大的差异化能力。本书凝结了标杆企业可靠性能力建设的宝贵经验，是企业可靠性能力建设的实战指南。作为伍老师的粉丝和可靠性能力实践的同行者，推荐每一位追求卓越品质的朋友研读此书。

——深圳乔合里科技股份有限公司董事长 吴远泽

伍湘平老师以华为实践为基，助推可靠性工程思维融入中国制造基因序列。这部凝结数十年经验的力作，必将为中国制造产业升级注入智慧动能。

——北京蓝威技术有限公司董事长 赵弋飞

作为华为从环境试验到可靠性设计，再到可靠性管理的亲历者，伍湘平认真总结了二十多年的可靠性工作经验和感悟，为正在寻求阶段跨越，践行“可靠性是设计出来的”、可靠性优先、可靠性是企业最强护城河的企业，提供了很好的参考样板。

——华为首席专家/DFX 技术委员会主任 章迅

可靠性是产品全生命周期能力的综合反映，是产品的核心竞争力，是企业品牌溢价的最强大助力！

——宁德时代电源管理系统质量与可靠性总监 林震

序　言

——可靠性与妈妈的红烧肉

2021 年 4 月 1 日晚上，在连续几天忙完“深圳市为民可靠性系统工程研究院”的筹建工作后，我刚刚和康锐老师团队告别。晚饭时，我还陪着康老师听了韶音陈总关于科学和哲学的高见，意犹未尽。回到家后，我和做客的兄弟姊妹聊起这几天的收获和心得。睡在旁边房间的 73 岁老母亲突然推门加入聊天，盯着我问道：“儿子，这段时间听你说一直在忙可靠性研究院，你能和我说说啥是可靠性吗？”对于这个专注厨房的老太太突然抛出的大问题，我竟然一时语塞，准备搪塞过去，便对妈妈说：“这个要讲清楚，恐怕要讲到天亮了。”妈妈立刻狐疑地看着我，质疑道：“讲不清楚？这个怕不是传销吧？看你们搞得这么热闹。”

呀！问题严重了，我打了个激灵，立刻郑重地坐直身体，思索片刻后，面向妈妈回答道：“那可不是传销。可靠性是用来帮助企业的。打个比方，一个公司或企业就像一个人，总会有生病或者身体不舒服的时候，特别是企业存活时间越久，产品生产的数量越多，问题就会越明显。康老师给企业做可靠性辅导，就像给企业‘看病’，尤其是针对企业产品存在的‘毛病’。只有把产品的‘毛病’解决好，企业才能凭借优质的产品更健康地赚钱获利。同时，为了更好地预防疾病，还需传授企业系统的‘健身’和‘养生’方法，让企业特别是企业的产品少‘生病’。为了让企业持续自律和自强，还要帮助企业培养能看病、治病和懂‘健身’‘养生’方法的‘医生’。‘看病’和培养‘医生’，这就是康老师提供可靠性体系和工具的目的。我这样说，您老明白吗？”妈妈说：“我明白了一些，但你们公司的产品是连接器，又不是人，连接器怎么知道自己‘生病’了要找医生呢？康老师又怎么知道你们的连接器‘生病’了呢？”

听闻此言，我突然意识到老太太不简单，不能简单地用讲道理的方式把她糊弄过去。我振作精神，再次沉思片刻后对她说：“老妈，这样吧，我把我们的产品连接器和您最拿手的菜——红烧肉做个比较。您的红烧肉就像您的产品，您同意吗？”妈妈附和道：“同意。”

我接着说：“那这道您最拿手的红烧肉，做得好不好是不是有这样两个评价指标呢？第一，不仅我们家里人喜欢吃您做的红烧肉，而且所有来家里做客的亲友也都说好吃；第二，您是不是要求自己每一次做这道菜都要和之前做的一样好吃？”妈妈继续附和道：“是的。”“那请问您，当初这道红烧肉是不是因为吃了别人做的好吃，您才学习琢磨，逐步做出来的？”妈妈答道：“是的。”我接着说：“那您当初学习这道菜，是不是通过请教和尝试，逐渐搞清楚了用什么样的猪肉、酱油、糖，各自用多少量，以及做的流程、火候和时间；再从摸索这些材料的品质、数量、火候的过程中，逐步掌握要领，让红烧肉越来越好吃，并最终形成您自己的一套标准？”妈妈说：“是的。”

我继续说道：“您做红烧肉的过程和我们连接器的研发过程是一样的。我们也是逐步确定材料的性能和用量，以及如何用这些材料把连接器做出来、做好，这就是设计标准化形成的过程。那第二点，您为了每次都能把红烧肉做得好吃，是不是每次做的时候都要严格检查买的猪肉等材料是否和您的标准一致，检查锅子、炉子是否正常？并且您后面每一次做这道菜的过程都严格按照之前摸索出来的火候和顺序来执行？”

妈妈说：“那当然，但是你说的可靠性和我做的这些事情有啥关系呢？”

“把红烧肉的材料、做法、工具的各种状态和要求进行标准化、数据化，就是让各项因素达到尽可能高的可靠性。这样，多个可靠的要素组合在一起，红烧肉的好味道才不会改变。您现在在‘小红书’上学习新菜，是不是比之前学习做红烧肉更快、更容易成功呢？”

妈妈说：“是的”。

“那是不是因为‘小红书’把各个菜的材料、数量、步骤都写得很详细，所以很容易操作呢？这就是设计标准化，也是实现可靠性的手段。”

我继续说道："但是每一次重新制作红烧肉时，都可能出现对'标准'的挑战，比如肉买得不太好、炉子或锅子出了状况，或者当天炒菜时被电话打断等异常因素的出现。如何防止这些异常因素在生产过程中出现，这就是通过保证生产一致性来实现可靠性的手段。比如您每次从山姆会员店买的猪肉质量都很稳定，不会出现太大偏差，这是因为沃尔玛这样的大公司对供应链的质量一致性管理得很好。同样，麦当劳和肯德基在制作每一个汉堡时，油温、时间等都执行得很标准，并且有很多自动化的手段来保证这些标准，比如他们的油炸温度控制就是自动化的。"

我继续解释道："可靠性体现在红烧肉在味道上不出问题。也就是说，要以最终客人的要求为依据，科学地规范红烧肉在炒制过程中材料和流程标准的可靠性，并规范和控制重复炒制时各项因素的一致性。这里面涉及大量的科学工具、流程和体系。正是有了这些体系，才形成了像麦当劳、肯德基这样的标准化大规模连锁餐饮公司，而不是那种每个店味道都不一样的普通加盟餐馆。"

老妈说："噢，那我照着这个搞，是不是可以开餐馆了？"

我说："太对了！不过，红烧肉这道菜，包括您从小红书上学来的其他菜，其实都是别人已经做过了、做好了的。这其实是一种复制、测绘仿制，是一种逆向过程。前面提到的所有可靠性手段，其实都属于可靠性系统工程的体系。但如果您要开餐馆，是不是要研发一些别人没有做过的、创新的菜式，才更有卖点和竞争力呢？这就需要进行正向创新设计了，甚至是从无到有的创新设计。那又该如何保证您的创新能够成功呢？怎样才能保障您经常性地创新成功呢？这就需要用到康老师创新发明的‘确信可靠性’理论和体系，来保障正向创新设计的可靠成功，让您真正做出、不断做出好吃的、赚钱的新菜。”

妈妈说：“哦，这么神奇！那怎么做呢？”

我说：“对不起呀，老妈，我自己还在学习和实践阶段呢。等我积累了一些经验，或者下次康老师来的时候，我再请他和您继续聊。今天咱们就先聊到这里吧。”

妈妈说：“那你抓紧学习，快点告诉我怎么做好吃的新菜。”听妈妈这么一说，我哑然失笑，她大概明白了可靠性体系是可以帮助她可靠地做出好吃的菜肴。

办企业也是如此。

吴远泽

深圳乔合里科技股份有限公司董事长

前　言

在质量强国战略的指导下，高质量发展已成为新时代企业的战略选择。作为质量的核心属性，可靠性是现代制造业企业实现高质量发展的必由之路。企业若想做大做强、实现长远发展，高质量和高可靠性是不可或缺的先决条件。

至此，读者可能会心生疑惑：一会儿提到质量，一会儿又提到可靠性，质量和可靠性到底是什么关系？企业有了质量体系，是否还需要再做可靠性工作？本书将会对这一问题进行详细论述。这里先给出答案：可靠性是质量体系中的一个核心属性。与传统的侧重于流程管理的质量保障体系不同，可靠性更贴近于产品设计和生产制造技术。准确来说，可靠性系统工程是一套将技术与管理融合的方法论，能够帮助企业全面、系统地解决产品故障问题。

对于一家企业来说，当其基本解决了生存问题后，就需要考虑如何做大做强。这包括扩大产品规模，以及如何将产品推向更高端的市场，例如海外市场，以获取更高的利润。在这个过程中，产品的可靠性显得尤为重要。当产品规模扩大后，任何微小的缺陷都会被无限放大，且难以补救。在小批量生产时，即使出现问题，影响范围也相对较小，维修或补偿所涉及的人力和成本尚在可接受范围内。然而，一旦进入大批量生产阶段，问题所带来的影响和损失将变得不可估量。高端市场和海外市场对产品的可靠性要求极高，这种要求不仅体现在市场准入阶段，更体现在产品进入市场后的使用和运行阶段。企业必须确保产品在整个生命周期内的持续可靠性。否则，一旦产品出现严重可靠性问题，企业不仅会面临巨额经济损失和市场份额的丧失，还会对品牌和声誉造成不可挽回的负面影响。企业意识到可靠性的重要性后，面临的一个关键问题是：如何推动和开展可靠性工作。可靠性是一项系统工程，贯穿产品的全生命周期，涵盖设计、生产、测试、使用和维护等多个环节。因此，企业需要结合自身特点，选择合适的切入点，并逐步推进可靠性工作的开展。

本书结合作者在企业几十年推行可靠性工作的实践经验，分析了企业如何正确认识可靠性，以及要搞好可靠性工作需要具备哪些因素。书中探讨了企业可靠性从无到有、从小到大、从弱到强的发展历程，以及在这个过程中可能经历的各个阶段。每个阶段的可靠性工作都有其特点和开展思路。作者还从技术和管理两个维度，阐述了如何一步步构建企业可靠性工作流程和体系，为企业推行可靠性工作提供了一种参考。

如上所述，本书内容主要是基于作者在华为20多年推行可靠性工作的实践经验和探索历程。然而，不同的企业以及处于不同发展阶段的企业，所面临的问题和可靠性工作开展策略肯定是不同的，并不存在一个统一的发展模式。但总体思路仍有许多共性。这就好比可靠性这门学科及其各种技术方法，总体理论和框架是相通的，不同的只是工程应用。可靠性之难，不在于其理论，而在于其应用。笔者认为一家企业在探索自己的可靠性发展之路时，应该博采众长，同时结合自身的产品和特点，这样才能摸索出一条适合自己的可靠性发展之路。

笔者离开华为后，接触了众多不同类型和行业的企业，发现大家对可靠性工作的开展都非常关注，也提出了许多相关问题。这些问题大多是企业在开展可靠性工作实践中遇到的实际困难，其中大部分也是笔者在企业工作期间所经历的。因此，为了更有针对性地解决大家在可靠性方面的疑问和困惑，本书在正文之外，以问答形式附上了一个“可靠性百问百答”。从大家提出的众多问题中精选出100个，并按类型进行分类，由作者逐一解答。需要说明的是，这些解答并非都是标准答案，仅是作者对这些问题的理解，仅供参考。

这里要特别感谢北京航空航天大学可靠性与系统工程学院的康锐教授，对于本书的内容进行了大量的审核和指导；感谢深圳乔合里科技股份有限公司的吴远泽董事长，他写了《可靠性与妈妈的红烧肉》一文，从一个企业家的角度谈了自己对可靠性的理解，笔者认为很有深度和代表性，因此将该文作为了本书的序言。

最后还要衷心感谢所有为本书出版发行予以支持和帮助的企业和个人，希望我们大家携手努力，共同为可靠性这门工程学科的发展而奋斗，为企业创造更大的价值，也为提升我国制造业的整体质量和可靠性贡献一份力量。

目　录

第 1 章

明晰自我——企业可靠性工作的发展基础

1.1 如何正确理解可靠性？

我们在企业中推行可靠性工作，首先要对可靠性有一个正确的理解。即什么是可靠性，可靠性工作对企业有什么价值？这些问题看似基础又简单，但实际上却十分重要。在笔者数十年的可靠性工程实践过程中，发现有些企业或可靠性从业人员对此仍然存在一些误解，从而阻碍了可靠性工作的推行，因此，我感觉有必要先厘清这些基础问题。

1.1.1 可靠性是一门“玄学”？

这种观点普遍存在于可靠性的“圈外人”当中，在他们看来，可靠性是一种高深莫测的“玄学”。而如果我们深究其中的原因会发现，一方面是由于这些人对可靠性缺乏深入了解；另一方面，也是更重要的，则是可靠性的“圈内人”所造成的——我们没有把可靠性工作真正工程化，而只是停留在方法论的层面，从而造成了可靠性“不接地气”的后果。

其实这种把可靠性“玄学”化的思想由来已久，在整个可靠性领域也相当普遍，笔者自己也有过类似的感觉。比如在企业工作期间，经常去参加一些国内外的可靠性研讨会，查阅一些可靠性方面的专业文章，发现有些会议和文章过于理论化，通篇是数学推导公式，看得人头大，于是直接跳到最后看结论和最终结果。

当然，可靠性的理论研究非常重要，它是工程应用的基础。但如果可靠性仅仅局限于理论研究，而忽视工程应用，就一定走偏了，即所谓的“玄学”化了。

其实，任何一门学科都存在着理论与实践相结合的问题。理论是为实践服务的，反过来，实践中遇到的问题又会推动理论研究的发展。我们在企业中推行可靠性工作时，一定要看到这两方面的存在，并摆正二者间的关系。

首先，实践一定是企业最为看重的。企业实施可靠性工作就是要解决实践中的可靠性问题。我们所谓的可靠性“玄学”化，往往是由于以下原因导致的：过于偏重理论研究，忽视工程实践的应用；由于各种技术和管理原因，可靠性工作没有能够与产品真正融合，而是游离于产品之外。长此以往，从产品角度来看，可靠性必然慢慢“变”成一种“玄学”了。

其次，可靠性理论的研究同样是企业开展可靠性工作不可或缺的。理论研究可以解释“从哪里来”“为什么是这样”的问题。你可以跳过可靠性文章中的数学推导部分而直奔结果，但在拿到结论的公式并应用它时，你必须了解其中有哪些工程假设，每个参数的含义是什么，为什么参数间的关系是这样的。因此，你可能不得不回过头来仔细研究前面的推导过程。另外，实际工程的复杂性、技术和产品的推陈出新，以及新问题的不断出现，反过来对可靠性理论也提出了更多新的需求。我们的可靠性理论研究必须能够跟上工程需求的变化，才能更好地为工程应用服务。

1.1.2 可靠性与产品的关系

企业在推行可靠性工作的过程当中，最常见的一个问题就是可靠性与产品无法有效地融合，各做各的，用句可靠性行内的话说，就是可靠性与产品成了“两张皮”。

要解决这个问题，需要从管理和技术等多个维度采取措施。但最首要的还是理念的构建和培养。作为一门专业学科，可靠性有其自身的理论体系，需要专门的培训和学习。但在工程实践中，我们需要牢固树立这样的理念：**可靠性是产品的一种固有属性，可靠性设计是产品研发的一个固有组成部分**，即可靠性和产品是一体的，无论是否引入并推行可靠性工作，只要研制产品，就必然存在可靠性问题。那种人为地把产品和可靠性分裂开来的思想是错误的。尤其是对于研发人员，他们会认为自己负责设计产品，而可靠性工程师则负责为他们做可靠性设计。基于这样的理念，研发人员推卸了自身本应承担的可靠性设计职责，也逐渐对可靠性概念产生距离感，由于不了解而觉得可靠性是如此高深，最终成为他们心目中的一种“玄学”。

我们举个简单的例子。一个人要开发一种电子产品，他需要到电子市场采购元器件。最初，他没有经验，会选购到一些劣质的产品。但随着采购数量的增多，他就会总结出一些方法或经验，甚至得到一些数据。比如，在 A 家买了 100 个元器件，其中有 2 个坏的；在 B 家买了 200 个，其中有 6 个坏的。这样就有了失效率的概念，即 A 家的失效率为 2%，B 家为 3%，那么 A 家的产品可靠性比 B 家的高。其实，这些本身就是朴素的可靠性理论，他总结的那些“方法或经验”就是可靠性理论中的元器件采购可靠性准则，而得到的失效率数据就是可靠性理论中的概率统计方法。所以说，无论他是否知道可靠性为何物，实际上他都已经在应用可靠性的理论方法了。换句话说，可靠性本身就是众多工程经验的总结，把朴素的思想上升到理论的高度，然后再反哺工程实践。

从这一点推而广之，每一个产品研发环节其实都适用。无论是硬件设计、软件设计，还是测试、生产等各个阶段，如果都能够从简单朴素的“方法或经验”上升到理论的高度，企业整体能力一定会有质的提升。尤其是现在很多企业，从事产品研发的年轻人居多，他们缺乏工程经验，而可靠性则可以帮助他们避免很多错误。特别是当我们把可靠性流程建立起来之后，产品研制的每一步该如何做才能可靠，就已经被规范地定义下来。无论是经验丰富的老研发人员，还是刚刚毕业走出校门的新人，只要按流程要求去做，都可以开发出同样可靠的产品，这就是流程对于经验的固化作用。从这个角度看，可靠性更像提升研发能力的一个杠杆。我们从可靠性入手，提升的不仅是产品的可靠性，更是整体的研发能力和质量。

一位同样在企业从事可靠性工作多年的专家曾经讲过，可靠性的最高境界是“把自己做没了”。“把自己做没了”并不是说不要可靠性了，而是指可靠性完全融入产品的研发生产中，成为一种自觉、自发的活动，而不需要通过维护一个庞大的可靠性体系来推行。这也从另一个侧面说明了可靠性与产品的关系。当然，这只是一种理想的境界，对于目前国内大多数企业来说，还处于可靠性推广的初级阶段，必须通过构建可靠性体系，由可靠性专业人员来推动其落地实施。

1.1.3 可靠性对企业的价值

其实，不仅可靠性如此，任何一个业务、部门或人员在企业中存在和发展的基础都是能够为企业创造价值。因此，我们在一个企业中推行可靠性工作之前，必须把这项业务能够为企业带来什么想清楚，这样才能获得所需的资源和支持。可靠性对企业的价值如图 1.1 所示。

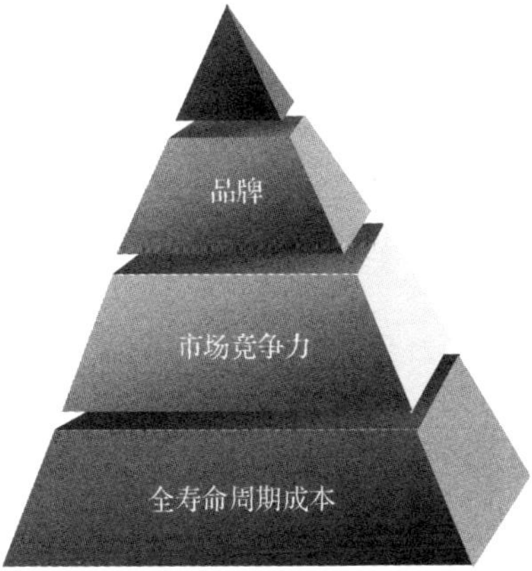

图 1.1　可靠性对企业的价值

可靠性对企业的价值可以体现在以下三个方面：

1. 全寿命周期成本最低

全寿命周期成本，即 LCC（Life Cycle Cost），是指产品在有效使用期间所发生的与该产品有关的所有成本，包括产品设计成本、制造成本、采购成本、使用成本、维修保养成本和废弃处置成本等。

企业推行可靠性工作需要投入大量资源，包括人力，测试、试验设备，可靠性设计、分析及仿真工具，以及为提高可靠性而增加的设计复杂性，如冗余设计等。而推行可靠性工作重要的“产出”

之一是后期维护/维修成本的大幅降低。从全寿命周期的角度来看，仍然是降低的。这方面的价值可以说是看得见、摸得着的。比如，在通信网络设备中，硬件的单板返修每年会给设备商带来巨大的成本压力，尤其是出现致命的批次性问题；在汽车行业，故障召回也会带来巨大的损失。

可靠性在降低维护成本上的价值应尽可能清晰、量化，并将其作为可靠性工作的规划目标之一。比如上面提到的单板返修，首先统计当前的返修率指标，并核算出对应的维修成本。然后根据企业的现实情况，制定返修率指标改进的路线图及其对应的维修费用降低目标，可以分短期（如 1 年）和中长期（如 3～5 年）加以规划，如图 1.2 所示。

一个清晰的可靠性路标规划，可以让企业的领导层明确地看到实施可靠性为企业带来的价值，从而为可靠性工作的推行提供必要的资源和支持。这也是可靠性工作成功的第一步。

2. 提高市场竞争力

如果把降低综合成本看作为企业“省钱”，那么提高产品的市场竞争力就相当于帮助企业“赚钱”。

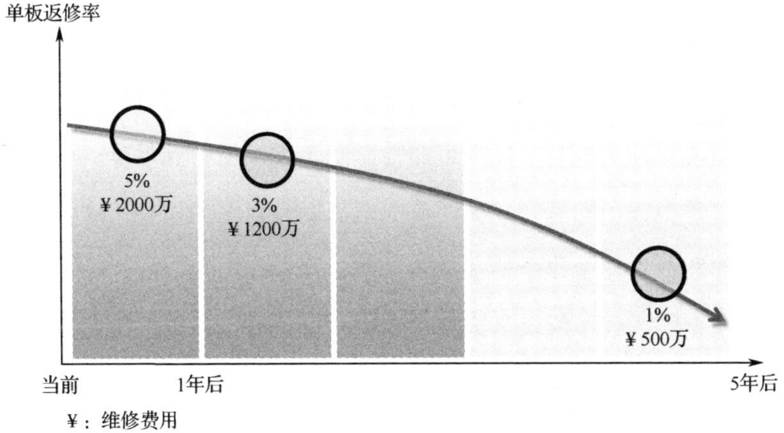

图 1.2　维修成本随返修率下降而减少示意图

如上所述，可靠性可以帮助企业提升研发能力，但提升研发能力的最终目的是研制出具有市场竞争力的产品，这也是可靠性对外的价值体现。这就要求我们的可靠性必须紧紧围绕技术、产品、市场三个环节不断发展。

企业的发展通常会经历一个循序渐进的过程，从成立之初到站稳脚跟，这一阶段主要解决生存问题，通常企业的重心都放在产品研发和市场开拓上，无暇顾及可靠性。而一旦企业解决了生存问题，想要寻求更好的发展，这时候可靠性一定会起到“先锋”的作用。尤其是当企业准备进军海外高端市场时，所面临的局面往往是：

- 自己的产品与竞争对手的产品在功能、性能上差距甚小；
- 高端用户对价格不敏感；

- 可靠性、安全性上的比拼细致入微。

这就使得希望借助价格优势冲击海外高端市场变得非常困难，而即便能够冲击成功，如果可靠性、安全性不能得到保障，面临的不仅仅是金钱上的惩罚，更严重的是品牌和声誉的损害。这一点在笔者的职业生涯中体会特别深刻。要让用户相信我们的产品是可靠的、安全的，就不仅仅是给用户提供一份可靠性报告，而是需要我们向用户展示我们深入、全面的可靠性流程和体系，以及我们每一项可靠性工作的扎实程度。这样才能助力企业市场开拓成功，从而真正体现可靠性的价值。

3. 打造可靠性品牌

如果前面提到的成本降低和帮助产品取得市场成功还只是短期的收益，那么助力企业打造可靠性品牌则可以看作可靠性为企业带来的长期价值。放眼全球各行各业，都有因质量和可靠性而成为世界领先的品牌代表。产品方面，如瑞士的钟表、丰田的汽车等；国家层面，如日本和德国，他们的家电和众多工业产品，成为全球高质量和高可靠性的标杆。

过硬的品牌对于企业的重要性不言而喻，它不仅能通过品牌溢价为企业带来丰厚的利润，更是一家企业能否走得长远的保障。一个企业如此，一个国家亦如此。

我国是制造大国，但还不是制造强国，其中的一个重要障碍就是制造业质量水平整体还不高，迫切需要完成从量到质的转变。而国家也已清晰地意识到这一问题，为下一步中国制造业转型指明了方向，要求“面对新形势新要求，必须把推动发展的立足点转到提高质量和效益上来，培育以技术、标准、品牌、质量、服务等为核心的经济发展新优势，推动中国制造向中国创造转变、中国速度向中国质量转变、中国产品向中国品牌转变，坚定不移推进质量强国建设”。

在这种形势下，各级政府和企业对质量和可靠性的重视程度越来越高，在国内的各个行业和领域也都涌现出一批先行者，相信在他们的共同努力下，一定能尽早实现质量强国建设的目标。

1.2　明确可靠性的业务范围

在可靠性的工程实践当中，我们通常都会遇到诸如此类的问题：

- 哪些属于可靠性的业务范畴？
- 从体系、流程和职责等方面，如何界定可靠性与质量的关系？
- 可靠性与性能是否需要挂钩，如何挂钩？
- 哪些业务领域会与可靠性有交叉，在工程实践中如何在它们之间实现有效的互动？

……

这些问题也是笔者数十年的可靠性实践中实际遇到的，笔者认为，对于这些问题未必就有统一的、明确的答案，每个企业的情况不同，同一个企业处于不同的发展阶段，也都会有不同的策略。那么之所以还要在这里讨论这些问题，主要是希望将笔者遇到的这些问题，以及这些问题的应对之道，作为经验分享给大家，供大家参考。

1.2.1 厘清可靠性基本概念的工程意义

其实可靠性的术语定义已经非常清楚了，本书并不是一份立足于可靠性基础知识普及的材料，而是希望从工程实践的角度来理解这些概念。

在工程实践中，可靠性的相关概念和术语的混乱状态长期存在。不要说这个行业，就是一个企业、一个部门内部，对很多可靠性概念的理解和术语的叫法也五花八门。即便标准之间，也存在很多不一致甚至矛盾的地方。那么，为什么要纠结这些基本概念和术语呢？笔者认为，这绝非毫无价值的细枝末节，而是至关重要的基础性工作。如果无法在整个行业内达成统一，那至少在一个企业内部，应该建立自己的可靠性术语库，对可靠性的基本概念和术语进行统一定义，这样将有利于我们可靠性工作的推动和开展。

首先，基本概念和术语的统一对于不同人员间的沟通是至关重要的，比如客户、开发人员和可靠性工程师之间。笔者在企业工作时，经常遇到客户对产品寿命提出要求，如要求产品寿命要达到若干年，但并没有给出寿命的具体定义。而在可靠性领域，寿命至少有三种不同的类型和定义，即使用寿命、服务寿命和平均寿命。这三种寿命对应的算法不同，计算结果也大相径庭。如果不加以严格定义，就会出现理解上的重大偏差。这样的事例还有很多，我们将在后面的章节中具体讨论。同时，基本术语的统一规范也体现了一个企业的管理水平。试想，在与客户交流或交付可靠性文档时，如果我们使用的可靠性术语存在纰漏，会让客户觉得我们“不专业”，严重时甚至会影响企业的形象。

当然，最重要的是，准确定义可靠性的基本概念是我们划分可靠性业务范畴、构建可靠性业务体系的基本依据。在企业中，其实并没有谁会强行规定可靠性工作应该干什么，不应该干什么。

而在实际工作中，很多企业或工程师并不太重视可靠性的基本概念，一谈到基本概念，就觉得过于理论化或过于简单，对实际工作指导意义不大。而实际上，厘清可靠性的基本概念是一切可靠性工作的基础。

我们就拿可靠性的定义举例：**“产品在规定的条件下，在规定的**

时间内，完成规定功能的能力。”这应该是整个可靠性工程中最为基础的定义了，可能有人会觉得这个定义简单易懂，没什么可说的，但一旦与产品和工程实际相结合，就会引出很多问题，而这些问题正是我们定义可靠性工作的前提。

先说规定的条件。不仅可靠性，任何指标都有其前提条件，不去看前提条件，单纯看指标是没有意义的。比如汽车的油耗，厂家公布的某个型号汽车的油耗一定是在特定的路况、特定的速度等条件下的指标。如果换一个条件，这个指标可能会相差很多。可靠性MTBF、寿命等指标也是如此。比如，某个可靠性预计手册中给出的器件失效率是在 40℃的环境温度、50%的电应力以及置信度 90%下的指标。器件厂家给出的失效率指标也需要考虑其背后的条件，不能直接拿来用。

规定的条件也是我们界定一个问题是否属于可靠性问题的依据。比如，超规格使用导致的问题算不算可靠性问题？虽然很多器件或设备允许在短时间内、一定范围内超规格使用，但由此导致的问题不应归入可靠性问题，也不能据此向厂家索赔。同时，在进行产品设计时，我们必须把产品可靠性要满足的“规定条件”定义清楚，因为这将直接影响到我们的设计方案。一部手机是否需要支持在−20℃下稳定工作？这取决于我们在产品研发早期的使用场景分析和可靠性需求分析，这是我们必须明确定义清楚的，因为一旦确定，将影响到后续的设计、试验方案以及器件选型等方面。

第二个关键要素是规定的时间，可靠性是与时间密切相关的属性。在可靠性设计工作当中，明确时间属性同样至关重要。比如，保修期、寿命等，其定义将直接影响产品的可靠性设计、维护维修策略，乃至寿命周期成本。而目前很多企业对于这些最基础的可靠性时间属性仍然非常模糊，就像寿命这个概念，本书中也有论述，无论是从市场的角度，还是企业工程师的角度，对于这一概念的定义都不够明确，导致基于寿命要求开展的可靠性设计、试验验证等工作无法有效开展。

第三个关键要素是规定功能。只有明确了一个产品哪些是“规定功能”，才能确定何为产品失效，也才能明确怎么才算是不可靠。因此，这同样是开展可靠性工作非常基础的前提条件。这里的“规定”可以来自各级标准，如果没有现成的标准，则可以由企业自行规定，但这里强调的是一定要明确。比如，有的车企面临这样的问题：汽车表面喷漆出现问题（如车漆损坏）算不算整车的可靠性问题？首先如前所述，以标准为准。相关标准是否有对汽车的规定功能有明确定义？如果没有，企业需要对此给出明确定义，而如何定义也没有一个通用的准则，更多取决于不同企业、不同产品，以及企业不同的发展阶段。对于一个整车厂来说，尤其是在可靠性工作开展初期，由于可靠性的问题较多，更多应关注整车的主要功能，即与行驶相关的功能，而与行驶无关的功能则可以归入其他业务范畴。比如，类似车漆损坏问题，则可以归入产品外观质量问题。本书也有相关章节专门论述质量与可靠性的关系，这样的一种业务划分其实与本书所论述的质量与可靠性的关系也是相一致的。

以上只是以可靠性的定义为例，说明了厘清可靠性基本概念的重要性。一方面要明确这些概念的准确含义，另一方面也需要在企业内部，以及企业与客户间达成共识，这对于可靠性工作的开展至关重要。企业可以建立自己内部的可靠性术语库，详细定义与本企业和产品相关的可靠性基本术语及其适用场景，作为本企业可靠性基本概念的指导基准。

1.2.2 工程可靠性的基本概念

从朴素思想的角度来看，可靠就意味着不出问题，但其实在可靠性理论中，这只是狭义可靠性的概念。仅靠狭义可靠性理论，并不能完全解决问题。因为可靠性是相对的，从概率论的角度来看，可靠度无论如何都不可能达到1。换句话说，产品终究是会坏的，因此引出了维修性的问题，即在产品发生故障时如何快速修复。为了确保可靠性和维修性的实施，还需要一套体系来保障，也就是保障性。更有甚者，连安全性等也被纳入其中，由此，可靠性概念的外延不断扩展，形成了由多个子领域构成的广义可靠性的概念（见图 1.3）。

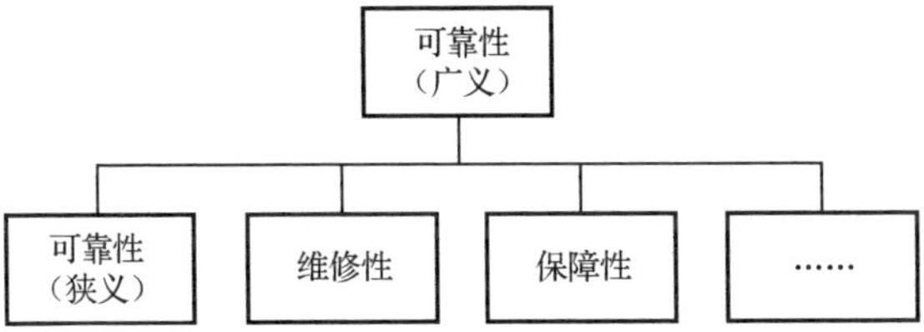

图 1.3　广义可靠性的概念

这个广义可靠性的概念是基于最初的狭义可靠性概念扩展而来的，而在欧洲更为盛行的 IEC 标准体系看来，广义可靠性包括了狭义可靠性，在术语应用上就显得不够严谨，于是他们提出了可信性（Dependability）的概念，用可信性代替广义可靠性，同时还引入了可用性的概念，如图 1.4 所示。

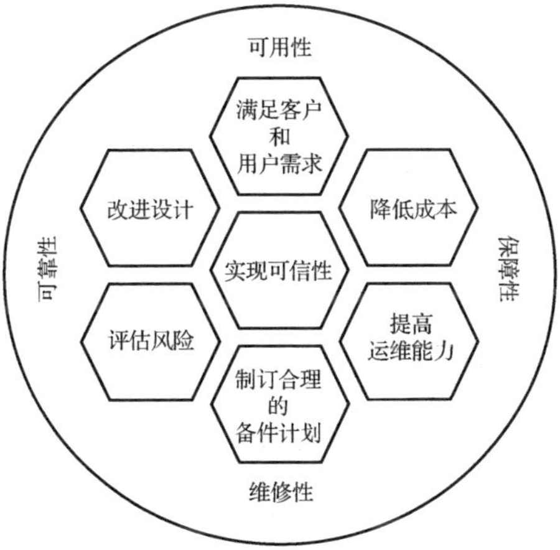

图 1.4　IEC 标准定义的可信性概念

根据上述定义，可靠性基本涉及这样几个相关的术语：广义可靠性（Dependability，即可信性）、狭义可靠性（Reliability）、维修性（Maintainability）、保障性（Maintenance Support）和可用性（Availability）。我们通常所说的可靠性，实际上是指这里的广义可靠性，即可信性。在业务范围上，它包括狭义可靠性、维修性和保障性。可用性看起来似乎跟可信性是一样的，但其实二者是完全不同的概念。可信性是一个专业领域的名称，本身没有度量指标，只能用其下属的狭义可靠性（即可靠性）、维修性、保障性等的指标来描述。而可用性是一个业务指标，它有自己的度量指标（如可用度=99.999%），所以准确来说，可用性是由可靠性、维修性和保障性共同决定的。

尽管上述常用标准对可靠性基本概念进行了定义，但在实际工作中，可靠性的业务范畴还是需要根据工程实际情况确定，比如，性能、安全性等是否需要包含进来。确定可靠性的业务范畴，除了前文提到的依据标准和企业需要，还有一点非常重要，那就是要与客户充分沟通。比如，寿命问题，再比如经常有客户要求：通信网络可用度要达到 5 个“9”，即 99.999%，那么对于这 5 个“9”准确的定义是什么？除了我们常说的由于故障引发的停机时间，因网络攻击（安全性）引起的停机时间是否需要包括；网络性能下降到什么程度算作故障；等等。只有这样，我们才能确保所保障的“可靠性”是客户和市场所需要的。

1.2.3　质量与可靠性的关系

关于质量和可靠性的关系，不同的人有不同的理解。在日常生活中，当我们购买的产品出现问题时，我们可能会随口说这个产品“质量不好”，但很多时候这其实是可靠性的问题。但并非所有的“质量不好”都是可靠性问题，只有那些出现功能性故障的“质量不好”才会被归入可靠性范畴；而其他方面，如外观质量、服务质量等，则不属于可靠性问题。

关于质量有这样一种说法：“质量即满足客户需求。”比如，美国著名的质量管理专家朱兰（J.M.Juran）从产品使用者的角度提出，产品质量就是产品的适用性，即产品在使用时能满足用户需求的程度。用户对产品的基本要求就是适用，而适用性恰如其分地表达了质量的内涵。美国质量管理专家克劳斯比从生产者的角度出发，把质量概括为“产品符合规定要求的程度”。GB/T 19000—2008《质量管理体系基础和术语》中定义“质量”为：一组固有特性满足要求的程度。

质量必须从客户的观点出发加以考虑，质量的一个重要成分是改进其一致性。有些质量特征容易被辨认，比如性能、适用性、可信性、经济性等；而有些质量特征则不容易被辨认。因此，要改进质量的一致性，使其更好地满足客户的需求，甚至做出超过客户期望的产品。

综上所述，质量是一个相对更为宽泛的概念（见图 1.5），而可靠性只是其中一个子集，却是非常重要的一个子集。这与软件的质量属性的概念也是基本一致的。可靠性是软件的质量属性，即软件非功能性需求（见图 1.6）的一个组成部分。

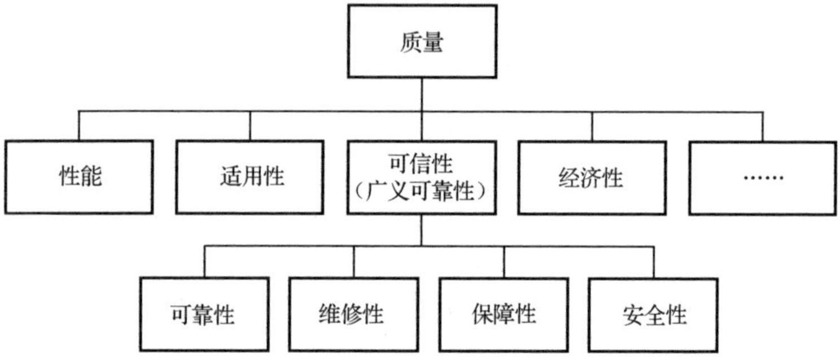

图 1.5　质量的概念

以上是从术语定义的角度来看质量与可靠性的关系，而从企业的组织结构及职责划分上，二者也有很大区别。无论质量和可靠性是否分属于不同的行政部门，其基本的岗位职责一定是分属于不同的两条线的，质量更偏重于流程管理、过程检验和产品交付；而可靠性更偏重于技术，是贯穿产品研发、测试、生产和寿命周期端到端的一系列技术活动。在笔者曾经工作过的企业中，就有把质量和可靠性放在一个部门的，但即便如此，在业务上质量和可靠性仍然是两条线，有各自的工作内容（虽然这两条线有时会有重叠）。而在另一些企业中，质量和可靠性干脆就完全分属于两个不同的部门和体系。

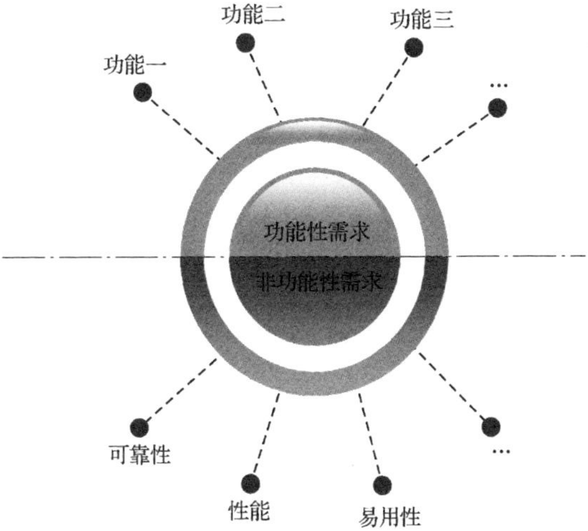

图 1.6　软件非功能性需求（质量属性）的概念

但毕竟可靠性与质量有着密切关系，因而在业务上的交互也是必然的。其中，可靠性流程的执行就是可靠性与质量密切配合的一个典型范例，这一点我们在后面介绍可靠性流程时还会更具体地说明。可靠性流程的构建是可靠性体系的工作，而可靠性流程建好以后，流程执行的监督与审查则是质量部门的职责。还有比如数据统计，质量数据的统计和可靠性数据的统计也需要两个部门或体系密切配合。

1.2.4 “大质量”观念下的可靠性工程

前面我们论述了质量与可靠性的关系，其中的质量是指企业现行的质量观念和体系，而当前业界提出了一种更新的“大质量”观念，在这种“大质量”观念的指导下，质量和可靠性将可以更加深入地融合开展。

笔者认为：“大质量”观念是对现有质量体系的一种扩展，而可靠性可以作为将这种扩展落地的抓手。

“大质量”观念的特点及其与可靠性的融合：

1. 强调质量文化的重要性

“大质量”观念将质量上升到文化的层面，强调文化在质量工作中的关键作用。这里的文化就是指一个企业所有员工共同追求的愿望，以及为达成这种愿望所必须共同遵守的行为准则。比如，一个企业将“零缺陷”作为共同追求的质量目标，而将“一次把事情做对”作为大家共同遵循的行为准则。

作为大质量观的重要组成部分，可靠性秉承同样的文化理念。我们说，“可靠性是同故障作斗争的学科”，这句话恰恰说明了可靠性工作的终极目标就是消除一切故障及隐患，真正实现“零缺陷”；而“可靠性是设计出来的”这句话则充分说明了从产品早期设计阶段即开始可靠性工作的重要性。尤其是对于很多民企，其产品的特点就是开发周期短，对成本有较高的要求，这就要求研发过程必须秉承“一次把事情做对”的思想，坚定不移地在早期设计阶段推行可靠性工作，尽可能减少设计更改。只有这样，才能在确保产品快速推向市场的同时，保证产品质量和可靠性，降低由于设计更改和后期维护带来的成本。

2. 质量应超越当前的产品和工程的概念，向更深更广的层面扩展

谈及质量和可靠性，大家首先想到的是产品和工程，即研发这条线，考虑的是如何把企业当前的产品和工程的质量搞好，满足当前市场或客户的需求。当然，这样的做法本身并没有错，但同时我们还必须认识到，产品最终的质量是由一个企业的综合实力决定的，只有企业的各个环节都能够切实提高质量和效率，才能对产品和工程的质量给予强有力的支撑。

按照这一理念，我们在构建企业的可靠性体系架构时，就必须考虑如何让可靠性的组织和业务深入企业的方方面面，而不能仅仅停留在单一的层次上面。我们需要在企业层面的可靠性组织，也需要在研发、生产、市场、采购、售后等各个部门建立可靠性的组织结构，培养可靠性的专业人员，从而能够全方位地构筑产品和工程的可靠性。这个问题我们在后面可靠性体系建设的相关章节还会更深入地探讨。

3. 注重流程对质量和可靠性的重要作用

这里的流程主要指的是企业的研发流程，比如被广泛采用的IPD（Integrated Product Development，集成产品开发）流程，我们的质量和可靠性工作必须与产品的研发流程紧密结合，才能更好地发挥其作用。这种作用一方面体现在它可以确保可靠性各项工作的落地，同时也起到了经验和方法固化的作用。

我们都知道，一个有着多年产品开发经验的老工程师，凭借其长期积累的经验，所设计的产品通常会比较稳定可靠；而相反，一个年轻的工程师由于缺乏经验，容易犯各种各样的错误，导致所设计的产品问题较多。那么，解决这个问题最有效的手段就是将可靠性与研发流程深度融合。我们在研发流程的各个阶段，将可靠性的要求、设计经验和方法都绑定在流程之上。这样，无论是经验丰富的老工程师还是初来乍到的年轻人，只要严格按照这个流程来做，就可以确保所设计的产品具有高可靠性。就像一条标准的生产线，确保所有生产的产品都符合高标准和一致性。

1.2.5　可靠性与性能的关系

可靠性与性能的关系问题由来已久，即可靠性是否需要与性能挂钩，以及如何挂钩。用可靠性领域的术语来说，就是可靠性是否需要从“两态”假设向“多态”假设转化。所谓“两态”，即认为系统只有正常和故障两种状态，不考虑其他中间状态；而“多态”则体现了可靠性与性能的结合，即通常所说的“性能下降”问题，英文中用的比较多的词是 Degradation。

以笔者多年的企业可靠性工程经验来看，可靠性与性能的结合是必然的，而二者结合的方式最根本的体现在“故障”的定义上，即除了完全故障，还需要清晰定义出哪些性能下降类的故障属于可靠性的范畴，以及性能下降到何种程度算作故障。这样的定义同样会影响到可靠性工作范畴的界定，以及所有可靠性体系、流程、活动的构建与开展。因此，准确定义二者的关系也是我们可靠性领域一项非常重要的基础工作。

而可靠性与性能的结合又是与具体的企业、产品、业务紧密相关的，这里我们以通信网络为例加以论述，而对于其他行业和产品，原理是相通的。

在通信行业，对通信网络和业务有一个众所周知的指标要求——可用度5个“9”，即99.999%。虽然笔者穷尽所能也没能找到它的准确出处，但这并不影响它成为公共的行业标准。为了实现这一目标，在将它分解和定义时，我们会发现，实际上，可用与不可用的定义是大有玄机的。

网络按层次可以分为接入、汇聚、核心；按业务类型可以分为无线、承载（又分为光传输网和IP承载网，即IP+光）、固定网络、核心网等。而业务本身的种类也有很多，包括语音、数据、视频、游戏等。每种网络、每种业务可靠性要求是不一样的，可用与不可用的定义也是千差万别的。所以，当我们试图把可靠性与性能结合的时候，就必然要结合具体的产品和业务，这其实也是可靠性与产品相结合的一个过程。

那么，具体到某一种产品或业务，如何定义其可用还是不可用呢？当然，在某些行业对此是有明确的标准定义的，而如果没有明确的标准定义，我们考虑这个问题的核心宗旨就是：从用户出发，即需要站在用户的角度，以用户的体验作为定义的基准。

在通信行业，有一个领域可以说很好地体现了可靠性与性能的结合，这就是服务质量（Quality of Service，QoS）以及在此基础之上的体验质量（Quality of Experience，QoE）。

下面是ITU-T标准中关于QoS的定义。

由图1.7可见，虚线上方是网络的QoS，下方则是网络性能

（NP），而可靠性则是包含在网络性能中的一系列属性（这里的网络性能应理解为一种广义的性能）。

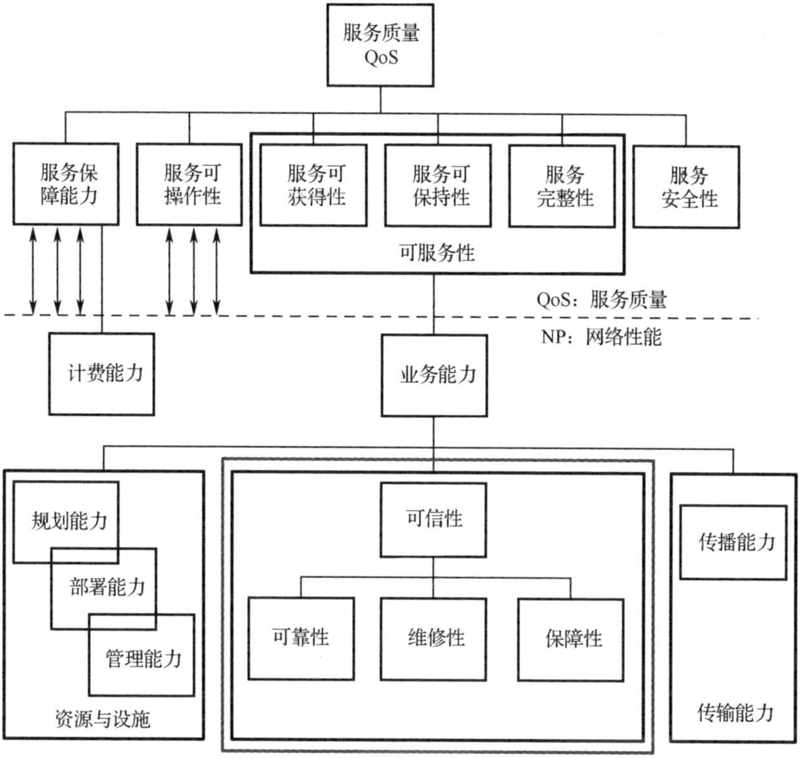

图 1.7　ITU-T 标准中的 QoS 定义

由此可见，我们在定义网络和业务的可靠性指标的时候，必须从性能或 QoS 的角度出发。因为除了网络或业务完全中断，当这些 QoS 指标（丢包、时延、抖动等）劣化到一定程度时，站在用户的角度，实际上此时业务已经不可用。比如，我们打电话时，虽然电话没断，但如果有严重的杂音、回音或延迟，我们往往会主动中断通话。而实际上此时就已经上升到用户体验的高度，即 QoE。简单来说，我们定义可靠性指标时，必须从用户体验出发。

用户体验也是分层分级的：

（1）用户无感知。

虽然网络、设备内部发生了某种故障，但由于可靠性保护措施完美，可以做到让用户完全感觉不到，这是我们可靠性设计的最高境界。

（2）用户可感知。

相对于无感知的情况，用户有轻微的感觉，但不影响业务的使用，如通话过程中出现极短的中断或杂音。

（3）引起用户不满。

故障所引发的现象影响到用户使用服务的体验，比如通话时有较明显的杂音，但仍在可接受范围内。

（4）用户主动中断服务。

业务性能下降明显，用户无法继续完成业务。

在通信行业中，可以用 QoE 中的语音平均意见值（Mean Opinion Score，MOS ）来度量，不同的 MOS 值对应不同的用户体验。而如果要在工程实践中准确获取这些指标和数据，就需要进行大量严格的测试。比如，对应某种网络：

- 某种业务最大能容忍的丢包率、时延、抖动分别是多少；
- 一般用户所能感知到的时延是 200ms；
- 用户在挂断电话前所能容忍的时间平均为 3s；

……

当我们获得这些数据时，就可以更加准确地结合产品和业务来定义可靠性相关指标，并指导可靠性设计。比如，当某个网络或业务的可靠性要求极高，需要确保其中任何故障都做到“用户无感知”时，那么根据上面的数据，对于可能发生的各种故障，我们的故障保护时间就不能大于 200ms。如果可靠性要求仅是业务不中断，那么可靠性的保护机制时间控制在 3s 内即可，这取决于我们的网络、产品和业务的不同可靠性要求。

总之，可靠性必须与产品的性能相结合，包括我们后面将会讲到的可靠性量化评价体系。对于整个系统，我们有一个总体的可靠性指标要求，比如 MTBF（平均无故障工作时间）、可靠度或可用度。这个总体的指标需要向下层层分解，才能变得可实现、可验证。而越往下分解，你会发现与产品或特性的功能、性能贴得越紧，已经不再仅仅是“纯”可靠性指标。

1.2.6 可靠性与安全性的关系

首先需要说明的是，安全性包含两种类型：人身安全性（Safety）和网络安全性（Security）。

1. 人身安全性

在传统可靠性的理论中，人身安全性一直被认为是可靠性的一个组成部分，或至少是密切相关的一个领域。很多可靠性的技术方法，如 FMEA、FTA 和 ETA 等，都被广泛地应用于安全性的风险分析中。不过，在不同的行业中，其重要程度会有所不同。比如，在传统通信网络行业，由故障引发的人身安全性问题并不突出，因此人身安全性这块业务可能相对会被淡化；而对于其他一些行业，比如运输行业中的飞机、铁路、汽车，这个问题就成为必须加以考虑的重要问题。在这个领域，笔者接触比较多的标准是英国/欧盟的 BS EN 5012x 系列：

- BS EN 50126-2：2017（铁路设施——可靠性、可用性、可维修性和安全性（RAMS）的规范和验证）；
- BS EN 50128：2011（铁路应用——通信、信号和处理系统——铁路控制和防护系统的软件）；

- BS EN 50129：2003（铁路设备——通信、信号和处理系统 相关电子信号系统的安全性）。

虽然该系列标准主要是针对铁路相关设施设备的，但其中的要求和方法具有很强的通用性，对其他行业和产品的可靠性和安全性设计验证也有很好的参考价值。在涉及安全性的产品上，这套标准也经常被国外，尤其是欧洲的客户指定采用，因此有很大必要深入学习并加以应用。

随着技术的发展，通信和运输这两个传统行业的技术融合越来越深入，体现在我们现有的运输工具越来越智能化、网络化。比如，随着 5G 相关技术的出现，车联网、无人驾驶、人工智能等应用场景大量涌现。这不仅对可靠性和安全性提出了新的要求，也催生了一个“新”的安全领域——功能安全性（Functional Safety）。

之所以“新”字要加上引号，是因为功能安全性并不是什么新概念，它的相关标准 IEC 61508 的第一个版本早在 1998 年就发布了，前面提到的铁路系统的 BS EN 5012x 系列都是它的衍生标准。只不过当时除了在一些特定领域，它并没有引起太多的关注，直到近年来随着车联网、自动驾驶等应用的快速发展，才引起了人们的广泛重视。

但无论如何，这一“新”标准的引入，对于相关的行业领域来说，都需要重新审视其传统可靠性技术的应用，包括那些已经被固化到流程中的可靠性活动。为了满足这一“新”的标准，需要对那些“传统”的可靠性技术做出改进，相应的可靠性流程、体系、设备、工具等都需要做出调整。这其实也是可靠性随着新技术不断向前发展的一种体现。

2. 网络安全性

与人身安全性相比，网络安全性与可靠性的关系要稍远一些，在很多相关企业（主要是通信企业）中，网络安全是一个相对独立的业务。但二者仍然是密不可分的，在很多时候需要相互结合。因为二者都会导致网络可用性问题，只不过一般人们会认为，由于故障引发的网络不可用属于可靠性范畴，而由于网络攻击引发的网络中断则属于网络安全问题。但其实这只是原因不同而已，从后果上看是一样的，即都是网络中断，而应对的设计保护机制也通常是一样的。

比如，在网络可靠性方面，经常要考虑信息传输错误的问题，即某个设备/单元收到的信息/数据是错误的，从可靠性的角度出发，需要针对这一问题设计一套预防保护机制。而信息错误的原因可能包括两种：①设备/链路故障；②网络攻击/欺骗/篡改等。通常认为前者属于可靠性问题，后者属于安全性问题，但其实从结果和保护机制上看，二者是统一的。因此，针对这样的问题，可靠性工程师和安全性工程师需要密切配合，比如，对于分布式系统或数据库副本的数据一致性问题，其中比较典型的就是拜占庭将军问题。这也是分布式系统和软件可靠性中的数据可靠性的重要内容，同时也是一个横跨网络可靠性和安全性的共性问题。因为导致出现系统、副本间数据不一致，可能的原因如上所述，包括设备故障和网络攻击。因此，我们在设计具保护方案时就需要可靠性工程师与网络安全工程师密切配合，共同完成解决方案的设计。

1.2.7 “六性”与可靠性

1.2.2 节已经提到，我们通常所说的“可靠性”是一个广义的概念，在它的下面又包含狭义的可靠性以及与之相关的其他一些特性。在军工领域，又将这个广义的可靠性称为“六性”，即可靠性、维修性、保障性、测试性、安全性和环境适应性。当然，现在“六性”的应用已经不再局限于军工领域，一些民品也引入了“六性”的概念。

（1）可靠性（Reliability）。

根据 GJB 450A《装备研制与生产的可靠性通用大纲》，可靠性是指产品在规定条件下、规定时间内，完成规定功能的能力。

（2）维修性（Maintainability）。

根据 GJB 368B《装备维修性工作通用要求》，维修性又分为以下三种：

- 任务维修性（Mission Maintainability），指产品在规定的任务剖面中，经维修能保持或恢复到规定状态的能力。
- 固有维修性（Inherent Maintainability），指通过设计和制造赋予产品的，并在理想的使用和保障条件下所呈现的维修性，也称设计维修性。
- 使用维修性（Operational Maintainability），产品在实际的使用维修中表现出来的维修性，它反映了产品设计、制造、安装和使用环境、维修策略等因素的综合影响。

（3）保障性（Supportability）。

根据 GJB 3872《装备综合保障通用要求》，保障性是指装备的设计特性和计划的保障资源满足平时战备和战时使用要求的能力。

（4）测试性（Testability）。

根据 GJB 2547《装备测试性大纲》，测试性是指产品能及时、准确地确定其状态（可工作、不可工作或性能下降）并隔离其内部故障的一种设计特性。

（5）安全性（Safety）。

根据 GJB 900《系统安全性通用大纲》，安全性是指产品在使用过程中不导致人员伤亡、装备损坏、财产损失或不危及人员健康和环境的能力。

（6）环境适应性（Environmental Worthiness）。

根据 GJB 4239《装备环境工程通用要求》，环境适应性是指装备（产品）在其寿命周期内，能够承受各种环境作用并实现其所有预定功能、性能，且不被破坏的能力。

如上所述，“六性”所包含的这些特性，在工程实践中仍然属于传统的可靠性（广义）范畴。只不过由于其起源于军品，因此在其定义和实施过程中或多或少带有一些军工色彩。民品在应用这些特性时，需要结合自身行业和产品特点做一些转化。比如，保障性在军品中的定义主要以保障战备和战时使用为目标；但对于民品，则需要从市场和用户使用要求出发。

1.2.8　DFX 设计中的可靠性

上述“六性”本质上仍属于传统可靠性范畴，在军工领域应用比较多。而在民品领域，应用更为广泛的一个概念称为 DFX（Design for X，面向产品生命周期各种工程特性的设计），这些工程特性包括可靠性，也包括其他一些特性，其中有些与可靠性强相关，有些则关系不是很大，但它们同样都是确保产品成功的关键工程要素，也是我们在推行可靠性工作时需要考虑相互结合的技术领域。比如，可靠性设计（Design for Reliability，DFR）、可服务性设计（Design for

Serviceability，DFS）、可测试性设计（Design for Testability，DFT）、可制造性设计（Design for Manufacturability，DFM）、可采购性设计（Design for Procurement，DFP）等。

DFX 的主要目的是在产品设计阶段，就把这些重要的工程特性的需求考虑进去，并在设计中加以实现，从而减少产品整个寿命周期中的更改与反复，确保产品进度和质量，即我们通常所说的“一次把事情做对”。

对于绝大多数开发人员来说，知识面、经验和精力都是有限的，尤其是对于很多年轻的开发人员。同时，产品经费和进度等的限制，使得他们在最初设计产品时，除了关注产品基本的功能和性能特性，无暇顾及这些重要的非功能属性，从而为后面产品的测试、制造、维护等带来一系列问题，严重时甚至会导致产品无法实现。比如，一个开发人员在设计时没有考虑其设计对后续制造工艺的要求，导致在进入生产环节时才发现，现有的工艺水平无法支撑这种设计，或者缺陷率过高，从而不得不重新更改设计。实际上，这就是一个典型的可制造性问题。而这种工程类的问题在企业产品寿命周期内非常多见。

企业在实施 DFX 时，由于每个 DFX 都具有很强的专业性和技术性，通常都需要设立专门的部门或团队，负责该 DFX 的技术研究与业务管理，就像可靠性（DFR）一样。当然，由于 DFX 本身的差异性，每个部门或团队的规模也不尽相同，需要根据实际情况进行设置。

下面我们简要介绍几个比较重要的 DFX。

（1）可服务性设计（DFS）。

可服务性主要指产品在安装、维护及其他服务活动中的效率与质量等方面的支撑能力。即如何满足用户对设备安装、维护等各方面的需求，提高产品竞争力，降低维护成本，提高客户满意度。

可服务性可以说是诸多 DFX 中与可靠性关系最为密切的一个，集中体现在设备的现场维护方面，包括故障的快速检测、定位、恢复，例行/预防性维护，备件策略等。这部分内容实际上与广义可靠性或者“六性”中的维修性和保障性是对应的。因此，企业在实践过程中，如何界定二者的业务范畴，往往是一个无法回避的问题。但还是那句话，无论我们把它作为可靠性的一部分，还是作为单独的一个业务体系，关键是这个工程特性在我们的产品设计中要能够得到保障和实现，而它在企业中存在的方式只是一个形式问题。

（2）可测试性设计（DFT）。

可测试性是另一个与可靠性密切相关的 DFX。从字面上看，似乎与前面介绍的“六性”中的测试性（Testability）是对应的，但实际上二者是不同的。

可测试性指的是产品的各项功能特性及其性能是否便于后续的

测试验证，它与故障的可检测性（Fault Detection）不是一个概念。可测试性面向的是尚处于工程研制阶段的测试，即我们所设计的功能、特性或性能指标是否有相应的手段来测试。而故障的可检测性主要面向现场的故障维护，即产品在运行过程中出现了故障，是否有机制能够快速发现（主要指内置的自动手段），这属于可维护性（DFS）的内容。

可测试性与可靠性同样有着比较密切的关联，主要体现在可靠性的测试能力建设上。我们在产品设计初期所确定的各种可靠性需求，以及所设计实现的各种可靠性特性，是否能通过后续的可靠性测试加以验证，则属于可测试性设计的一部分。

（3）可制造性设计（DFM）。

可制造性设计主要关注我们的设计是否可以被制造，以及是否能被高效率地制造。如果在前端设计时不考虑这一问题，就会给后续的生产制造带来困难，甚至出现无法制造的情况，只能重新修改设计，严重影响产品的进度和成本。DFM 本身是与可靠性（DFR）并列的一个工程特性，二者交集不多。

（4）可采购性设计（DFP）。

物料的可采购性是指在指定的时间内获得物料的难易程度。提升物料的可采购性可以从以下几个方面入手：选用优选器件、物料标准化/共用、建立替代方案、缩短货期、物料和产品的生命周期管理、降低物料风险（质量风险、商务风险、供应风险、服务风险）等。可采购性本身与可靠性关联不是很大，它更多关注物料的可获得性。

由以上可知，按照一般标准规范的定义，可信性（广义可靠性）的业务范畴通常包含传统的狭义可靠性、维修性和保障性。本节还介绍了由这三性所决定的可用性。而在实际的工程实践中，可靠性的业务范畴远不止这些，它与很多业务领域都有交集。比如安全性，无论是人身安全性还是网络安全性，都与可靠性有着很多关联。一个故障可能引发可靠性问题，但如果这个故障导致了人身伤害，那它就同时成为了人身安全性问题；同样的，网络中断可能是由设备故障导致的，也可能是由网络攻击引起的，所以在做可靠性方案设计时，很难把它们彻底区分开来。还有性能（Performance），应该和功能更为靠近，属于传统开发的范畴，但实际上它与可靠性关系极其密切。我们现在很多产品的故障已经不再是简单的 0/1 故障，而是存在很多中间态，即性能劣化。当性能劣化到一定程度时，实际上已经导致功能/业务不可用。这个问题必须在可靠性设计中加以考虑。还有 DFX 中的可维护性和可测试性设计，都与可靠性有着密切关联，无论一个企业在业务体系上如何布局，它们之间的业务关联是客观存在的，也是我们在推行可靠性时不可忽视的因素。

由此可见，虽然可靠性的术语定义是非常清晰的，其基本概念也有相关标准来描述，但在工程实践中，可靠性的范畴并不是固定不变的，它与很多其他领域都存在或多或少的交集。因此，我们在企业中界定可靠性的业务范围时，应根据企业的实际情况来确定。

1.3　掌握可靠性行业发展现状

1.3.1　可靠性学术界发展现状

学术界主要包括国内外的高校和科研机构，涉及可靠性专业的高校分为两类：一类是有专门的可靠性工程类专业的，比如国内的北京航空航天大学（北航），美国的马里兰大学等，而更多的则是在某个学院下面设有一个与可靠性相关的专业方向或课题组，从事这方面的研究。比如美国亚利桑那大学的工程学院（College of Engineering），其工程管理（Engineering Management）本科专业中就有可靠性工程（Reliability Engineering）专业，还有一些学院虽然没有打 Reliability（可靠性）的招牌，但实际也有与可靠性强相关的专业，比如，英国爱丁堡大学的信息学院就从事计算机系统容错方面的研究。

而可靠性的研究也分为两个方向，一方面是传统的可靠性专业技术研究，比如可靠性建模方法、分配预计、FMEA、可靠性试验技术等，另一方面是结合某一领域的产品可靠性问题开展的技术研究，比如实时嵌入式系统的可靠性研究、数据库的高可靠性研究等。前者相对较少，基本都是在局部一些方法上的研究，比如，美国马里兰大学的主要研究方向是失效物理分析。真正在整个可靠性理论方面有所建树的还是国内的北航可靠性与系统工程学院，其提出的可靠性系统工程理论和确定可靠性理论，都是可靠性工程理论的重要创新。

可靠性学术界在开展可靠性理论技术研究的同时，越来越重视与工业界的合作，这是一个非常好的发展趋势。在国外，许多高校都会承接企业合作项目，或者干脆采用与企业建立可靠性联合实验室的方式，加强与企业的合作。国内的高校也是如此。比如，清华大学在工业工程系成立了质量与可靠性研究院，主要为企业提供可靠性技术支持；西安电子科技大学在深圳这个高科技企业云集的城市，成立了电子可靠性研究中心。而作为可靠性学术界的领军机构，北航可靠性与系统工程学院更是在国内多个地方成立了可靠性研究中心，包括深圳市为民可靠性系统工程研究院，为企业提供可靠性方面的技术服务。

对于企业来说，这些学术研究机构都是很好的资源，应该充分加以利用。

1.3.2 可靠性工业界发展现状

可靠性最早在军工企业中得到应用，随后逐步转向民用企业。目前，民用企业的可靠性研究与应用似乎有超越军工企业之势，这主要得益于我国民用工业的蓬勃发展，即：

- 从低端产品走向中高端；
- 从简单的模仿制造走向自主开发设计；
- 从少量研制走向大批量生产；
- 从国内市场走向海外市场。

这些发展趋势使得国内企业越来越重视可靠性。除了传统的军工、民用航空、核设备厂家，通信、电子、电器、医疗、汽车等众多行业的民用企业也开始引入可靠性工程技术，以提升自己企业产品的可靠性水平。其中，有些企业在这方面开展得比较全面和完善，成为行业的领头羊，比如通信行业的华为。他们已经建立起了比较成熟的可靠性流程，并在诸多可靠性专项技术领域进行了深入、全面的研究。而更多的企业尚处于初级阶段。

1.3.3 可靠性标准协会组织

可靠性领域的一个重要分支就是可靠性标准。一方面，可靠性标准是指导可靠性工作的重要指南；另一方面，它也是企业产品进入某个特定区域市场必须满足的要求。所以，每个企业都应该在可靠性标准的研究上投入必要的精力。下面我们就着重介绍目前全球几个重要的可靠性标准及相应的协会组织。

（1）美军标（MIL—STD/HDBK）。

谈到可靠性标准，一定要把美军标放在首位，因为它是整个可靠性专业的基础和起源。如果说可靠性概念的萌芽在德国，那么可靠性真正成为一门工程学科，是在美国。美国通过对可靠性的深入研究，形成了一套全面的军用标准，用于指导和规范相关军用产品的可靠性采购、设计、生产制造等环节。美军标中有关可靠性的标准是如此全面细致，从可靠性的专业技术到各种原材料、电子元器件、部件、电子电气、机械产品的可靠性，几乎无所不包。在这个方面，此后的可靠性标准体系恐怕很难有出其右者。但遗憾的是，除了个别的标准外，整个美军标体系已经很长时间没有维护更新了。尽管如此，其中一些核心的标准、手册仍然是可靠性工程师必备的参考资料，比如 MIL-STD-785B 系统和设备研制生产的可靠性大纲、MIL-STD-217F 可靠性预计手册、MIL-HDBK-338B 美国军用可靠性设计手册等。与美军标对应的国内标准就是国军标（GJB）。

（2）IEEE Reliability Society（IEEE 国际可靠性协会）。

IEEE 可靠性协会是 IEEE 下属的一个分会，该协会集中了全球各地众多高水平的可靠性专家，并一直处于活跃状态。它们主办的一些国际会议非常知名，专业性极高，比如可靠性和可维护性研讨会（Annual Reliability and Maintainability Symposium，RAMS）。它们的出版物 *IEEE Transactions on Reliability* 也有着非常大的发行量。

此协会也发行了众多的可靠性标准，可作为实际工作中的重要参考。

另外，除了可靠性协会，IEEE 下属的其他一些分会（如 IEEE 计算机协会、IEEE 通信协会等）在各自技术领域也有大量相关的可靠性技术研究，具有很高的参考价值。

（3）IEC TC 56 可靠性标准协会。

IEC 的标准大家一定不陌生，其下属的编号为 56 的技术委员会（TC56）专注于可靠性标准的开发。

IEC TC56 下设四个工作组 WG：

- WG 1　Dependability Terminology，可信性术语；
- WG 2　Dependability Techniques，可信性技术；
- WG 3　Management and Systems，管理体系；
- WG 4　Information Systems，信息系统。

IEC 的标准在欧洲的应用非常广泛，很多欧洲的厂家更偏向于采用 IEC 的可靠性标准。

（4）Telcordia 电信行业网络设备标准。

虽然 Telcordia 是电信行业的专用标准，但由于其在整个可靠性行业中的重要地位，也有必要在这里讨论一下。该标准体系不仅专业性强，而且其标准内容的全面性和深入性同样非常突出，可以说是继美军标后另一套非常具有实用价值的标准体系。其标准不仅适用电信网络和产品，对电子、软件等众多产品领域也有很强的指导性，值得我们认真研究。

Telcordia 分为多个标准系列，其中最主要的有三个：GR（Generic Requirements）系列标准、SR（Special Report）系列标准、TR（Technical Reference）系列标准。

笔者非常推荐企业认真研究这一套标准，因为它相对美军标更新，相对 IEEE/IEC 又更贴合产品工程实践，对可靠性的工程应用具有很高的参考价值。

1.4　本章小结

企业要做好可靠性，首先需要对可靠性有一个全面正确的认识。其中最重要的是认清可靠性与产品的关系，即可靠性是产品的一种固有属性，相应地，可靠性工作也是产品研发的一个固有组成部分，只有牢固树立这一观念，我们才能把可靠性工作真正植根于产品当中，做出实效，避免“两张皮”的现象。

另外企业在实际推行可靠性工作时，还要对可靠性的工作范围有一个正确的认识。更多时候，可靠性是一个相对宽泛的概念，或者说是一个广义的概念，其下面还有很多更细分的领域。比如维修性，可靠性不仅包括不出故障或少出故障，还包括出了故障后能快速修复，这也是一种可靠性的概念。所以说，无论是“六性”，还是DFX，都是广义可靠性的业务范畴。此外，像质量、功能和性能这些业务，也与可靠性有着千丝万缕的联系。我们在实际工作中，应厘清这些关系，并与相关的业务部门相互配合，才能真正从市场、用户和产品的角度，做好可靠性工作。

第 2 章

循序渐进——企业可靠性工作的发展阶段

2.1 企业如何才能搞好可靠性工作？

很多刚刚开始推行可靠性工作的企业都会有这样的问题或困惑：

- 可靠性工作千头万绪，该从哪里入手呢？
- 可靠性工作该如何一步步地推动，才能做大做强？
- 为什么我的可靠性工作无法融入到产品开发中去？
- 可靠性工作到底应该由谁来做，可靠性工程师还是研发人员？

……

本章我们就来探讨可靠性工作推行和发展的有关问题。

2.1.1 由上而下地推动

在我们对可靠性有了一个正确的认识后，接下来的问题就是企业如何才能搞好可靠性工作。

首先需要有领导层的重视，形成一种由上而下的推动模式。这其实也是个可靠性领域老生常谈的问题，甚至很多时候成了企业搞不好可靠性工作的托词。但无论如何，这确实是企业成功推行可靠性的一个非常重要的先决条件。

可靠性的确是一个需要很大投入的系统工程，而且很多时候这种投入并非立竿见影，这时候就需要企业的领导者能够以战略的眼光来看待可靠性。就拿笔者曾经就职 20 多年的企业华为来说，其领导者任正非就曾在 1995 年底公司的年终总结报告《目前我们的形势和任务》中明确提出了推行可靠性工作的必要性和重要性：

“我们要十分重视新产品、器件及工艺的品质论证和中间试验环节。要把中试部提高到中央研究部的目标和定位来建设，要通过不断的品质论证，提高产品的可靠性，长年累月地开展容差设计试验和改进工艺降低产品成本，提高产品的使用性能和工程指标，通过不断的器件和工艺实验及积累，要极大地缩短产品进入商品化的周期，抢占市场先机。”

1995 年可靠性的理念在国内还没有得到广泛普及，尤其在民企，甚至没几个人知道这个名词。而此时的华为在国内市场刚刚站稳脚跟，任正非审时度势地提出了在公司大力开展可靠性工作的要求，充分说明了作为一名优秀的企业家所具有的独特的战略眼光。也是从这个时候开始，华为的可靠性工作走向全面深入发展之路。

企业想要开展可靠性工作，除了要求领导者具有前瞻性的眼光外，还要求可靠性工作者能够结合企业实际，分析可靠性能够为企业带来的价值，从而推动可靠性工作在企业落地。我们在前面的章节已经论述过这一点，尤其对于很多民企，在开展一块业务时，总是需要权衡一下投入产出比，并据此做出决策，此时具体明确的价值分析就显得尤为重要。

2.1.2 市场压力的作用

那么是不是有了领导的重视，可靠性就可以顺利推行了呢？答案是否定的。因为可靠性的推行，必须得到底层各个环节的配合，才能取得实效。而如果单纯领导重视，底层感受不到现实的压力，不愿意配合，可靠性工作仍然难以推行。而这个压力就是来自市场的压力。比如一家企业，如果它在当前市场取得了很大的成功，甚至接近于垄断的地位，那么它是感受不到市场竞争所带来的压力的，其内部也就没有动力去推行可靠性。没有可靠性，产品依然供不应求，谁还会费劲搞可靠性呢。即便有上层的领导前瞻性地认识到未来可靠性对于企业发展的重要性，但底层没有意识到，仍然会出现雷声大、雨点小的状况。而只有在企业想要突破自我，开拓更加高端的市场，并因此面临强劲的市场竞争压力时，才会有动力推行可靠性。

2.1.3 自身的可靠性能力

领导重视、市场压力都属于外力，是企业搞好可靠性的外部条件，而当外部条件具备的情况下，我们自身的可靠性能力是否具备就成了关键性的问题。就好像三国赤壁之战中诸葛亮的借东风，东风是外部条件，当东风来的时候，我们自己是否做好了准备是成功的关键。经常听到一些可靠性同人抱怨企业对可靠性不重视，导致可靠性工作开展困难，我们需要分析的是，我们自身的可靠性工作是否做好了——包括针对可靠性的技术方法，是否结合产品探索其应用之道；可靠性的各类基础数据，是否认真地收集整理等。很多时候，可靠性工作者开展工作时不能只是坐等领导去重视，底层去配合，而更应该立足于把我们自己的工作做好，相信有价值的工作一定会受到企业的认可。

2.1.4　秉承系统工程思想

上面说到可靠性是一个系统工程，它包含多个维度和技术领域，我们不能期望一日建成一个罗马，更要结合自己的实际选取适当的发展策略。对于刚刚着手实施可靠性工作的企业，可以先从一些重要的工作入手，比如某个企业通过分析，认为影响自己产品可靠性的最主要因素是来料品质问题，于是引入可靠性理论方法，加强供应链的可靠性控制，并因此取得了立竿见影的效果。但同时我们还必须意识到，在解决这个重要问题的同时，不能忽视掉其他影响可靠性的因素，因为在一个复杂的系统中，任何一个哪怕不起眼的环节出了问题，都有可能使我们所有的努力前功尽弃。

1986 年美国的“挑战者”号航天飞机在发射时发生爆炸，事故原因就是固体火箭推进器上的密封圈发生断裂，一个小小的密封圈在这么庞大的航天飞机系统中看起来微不足道，但它的这个故障使得整个系统再完美的设计、再无瑕的工艺都化为乌有。所以我们在进行可靠性工作时，必须牢牢地树立“系统工程”的理念，不能顾此失彼。所谓木桶效应讲的就是这个道理，一个桶能装多少水是由桶的最短那块木板决定的。可靠性工作也是如此，哪怕其他环节做得再完美，有一个地方出了问题，也会让所有的努力化为泡影。

图 2.1　木桶效应

2.1.5　重视流程体系的建设

可靠性在企业的发展遵循“点、线、面”的模式，如图 2.2 所示。

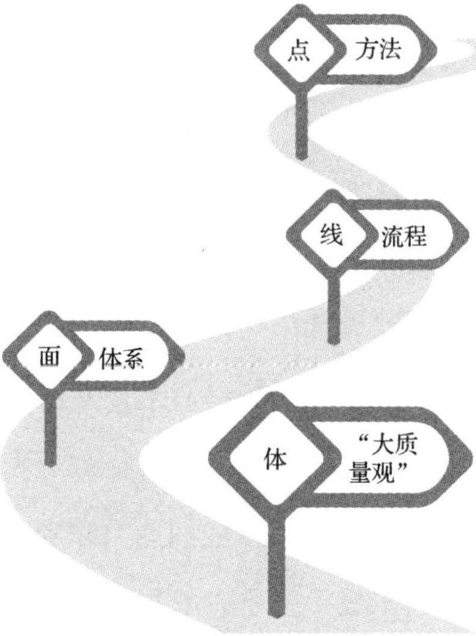

图 2.2　可靠性推行中的“点、线、面”理论

所谓“点”，就是企业在可靠性工作开展初期，通常都是先从一些零散的可靠性设计、分析或试验开始做起，没有一个完整的体系，也没有与产品研发流程结合起来，可靠性工作属于“单打独斗”的阶段。因此，很容易就把可靠性工作做成了所谓的“两层皮”。

而这里的“线”指的是端到端的研发流程，从最初的需求分析，一直到产品研制出来投入市场使用。上面那些“点”能否最终落到这条“线”上，是决定一个企业的可靠性工作能否有效开展的关键。目前，国内绝大多数企业的可靠性工作都被这条看不见的“鸿沟”所阻隔，一直处于“点”的阶段，无法完成从点到线的飞跃。这其中的原因其实上面都已经讲到了，有外部的因素，比如领导的重视不够、市场的压力等，也有自身的可靠性能力问题，比如可靠性工作者对可靠性工程应用的理解和研究不够，导致可靠性工作没有真正结合产品去开展，也就没有能真正解决产品的实际问题，因此得不到企业领导的重视和研发部门的认可。

有了“线”，“面”上的工作就是自然而然的。因为为了支撑这样的一个可靠性流程，把可靠性的各种设计分析和试验做好，就必然需要专业的人、专业的组织、专业的能力和专业的工具。而所有这些“专业的”构件就形成了企业的可靠性体系。

“体”则体现了企业对于质量和可靠性更高的一种追求，即所谓的“大质量观”。我们上面讨论的“点、线、面”主要还局限于研发和工程领域，而作为一家优秀的企业，为用户提供高质量的产品和服务，所需的不仅仅是研发和工程领域的高质量，还包括企业的方方面面。

总之，可靠性流程体系的建立健全对于有效开展可靠性工作是至关重要的，企业领导层和可靠性工程师必须尽早认识到这一点，在探索各种“点”的可靠性技术应用的同时，必须努力寻求将这些技术点纳入我们的研发流程，继而构建整个企业的可靠性体系，这是搞好可靠性工作的必由之路。

2.2　企业的可靠性发展阶段

企业的可靠性发展绝不可能都是一个模式、一个套路、一个历程，而需要结合自身的实际和特点去研究发展策略。

2.2.1　罗马非一日建成

我们知道，可靠性是如此庞大的一个系统工程。从横向看，它贯穿了产品的整个寿命周期（设计、生产、使用等）；从纵向看，它又包含诸多的技术领域（各种软件、硬件等）。那么企业最初应该从哪里入手来开展可靠性工作呢？

我们看到成功的企业在可靠性上通常拥有完备的体系、健全的流程、专业的队伍、领先的技术。我们把这样的公司作为学习的榜样，但同时也要看到，其成功也不是一朝一夕取得的，也经历过一个从无到有、从小到大的发展历程，更经历过各种困难与坎坷。对于刚起步的企业来说，我们需要知道“罗马”是什么样的，更要清楚建成它需要一砖一瓦的积累。比如，笔者并不建议一些没有基础的企业一上来就搞体系、建流程、推量化。这些工作的建立实际上是需要很多积累的，没有基础方法、数据上的积累，即便建起来也可能只是个空架子，难以取得应有的效果。所以我们必须脚踏实地，一步一个脚印推进可靠性的实施。

2.2.2 条条大路通罗马

可靠性作为一门与工程实际结合极其紧密的学科，其基本理念虽然是相同的，但具体到每个企业、每个产品，其应用之道会存在很大差异。并不存在一种放之四海而皆准的可靠性工程方法，每个企业都需要结合自己的实际，打造一个符合自身特点和满足自己要求的可靠性体系。

比如一个以创新设计为主的企业，与另一个以生产制造为主的企业，可靠性工作的重点肯定是不同的，因此必须对可靠性流程进行适当的裁剪。再比如一家大型企业有能力打造一个自己的可靠性专家队伍和技术体系，但对于一些小微企业，这样做可能就不具备现实可行性，此时则可以更多地借助外部第三方的专业机构来实现自己的可靠性目标。

大的可靠性体系如此，小的具体的可靠性方法也是一样。比如失效模式与影响分析（FMEA），笔者在导弹武器系统、铁路通信供电系统、通信网络设备上都做过这种分析，不同的产品做法会大相径庭，目的和要求也根本不同。

总之，可靠性工程的应用并没有一个统一的模式，需要结合企业和产品的具体实际来研究其应用之道，所谓“适合自己的才是最好的”。

通常一个企业可靠性的发展历程可以划分为五个阶段：试验起步、设计发展、流程建立、体系建设和能力中心，如图 2.3 所示。

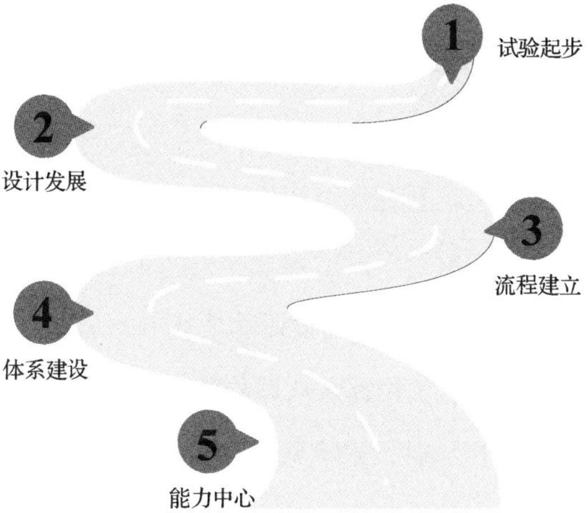

图 2.3　企业可靠性发展阶段

2.2.3　试验起步阶段

产品研制最基本的两个环节是研发和生产。研发部门完成产品的设计，然后交给生产部门制造出来，就可以对外销售了，这是很多企业初创期最原始的一种产品研制模式。然而随着企业的发展，企业会越来越意识到这种模式的弊端：没有经过严格、充分验证的设计，会带着一堆的设计缺陷转入生产，如果在生产阶段也缺乏相应的质量和可靠性控制，则又会有更多的问题流入市场。因此，企业开始认识到，在研发和生产之间增加一个验证环节的重要性，这就是中间试验环节，如图 2.4 所示。

图 2.4　中间试验环节

在中间试验环节，会通过对样机和小批量试制产品开展一系列的测试和试验，全面验证产品的设计和生产工艺，以确定是否满足批量生产的条件。可靠性的试验验证就是其中一个重要的组成部分。

很多企业的可靠性工作都是从试验开始的，其另外一个原因是，可靠性试验简单易行，效果立竿见影。购置几台环境试验箱，招聘几个可靠性试验工程师，基本上就可以干起来了。技术门槛不高，试验条件最初就按相关标准来设定。把产品放入试验箱，高温、低温、高低温循环、外加振动等等，可以快速暴露产品的设计和工艺缺陷，并通过改进提升产品的可靠性。现在国内很多企业基本都处于这一阶段。

那么如何把可靠性试验做好，让中间试验环节真正起到作用呢？我觉得这里面有两点最为关键。

1. 正确选择可靠性试验的类型

可靠性试验的种类有很多，按照目的来分，大致可以分为可靠性工程试验和可靠性统计试验。工程试验的目的主要是发现问题，通过改进或剔除掉有问题的产品，实现总体的可靠性增长。可靠性工程试验包括环境应力筛选试验（ESS）和可靠性增长试验；而可靠性统计试验的目的则是评估产品的可靠性水平，包括可靠性验证试验和可靠性测试试验，可靠性验证试验又分为可靠性鉴定试验和可靠性验收试验。可靠性试验的分类如图 2.5 所示。

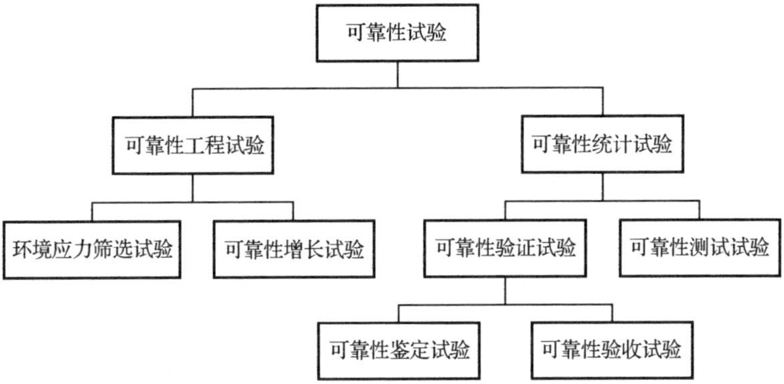

图 2.5　可靠性试验的分类

广义的可靠性试验除了图 2.5 所示的这些试验，还包括环境试验（环境适应性试验和环境耐久性试验，包括 EMC、安规等）以及可靠性测试（如软件测试中对可靠性特性的测试）。企业在选取可靠性试验类型时，可根据自身产品和行业的具体情况来定。但总体上来讲，可靠性工程试验通常具有更高的现实可行性和工程价值，这种试验立足于通过发现和解决问题来实现产品可靠性的增长，效果立竿见影，容易获得认可。当然，为了提高试验效率，传统的环境应力筛选试验（ESS）已基本被更高效的高加速应力筛选（HASS）所取代，而传统的可靠性增长试验则更多的采用高加速寿命试验（HALT），关于这两种试验，我们在后面的可靠性流程部分还会进一步详细介绍。而可靠性统计试验，特别是旨在评估产品可靠度、MTBF这样传统可靠性指标的统计试验，往往有以下局限性。

（1）试验样本和时间限制。

可靠性统计试验要想获得比较准确的统计结果，就必须保证一定的样本量和试验时间，如果样本量太少，比如只有数个，则会出现小样本问题，小样本问题虽然理论上也有解决方法，但毕竟只是近似解，工程误差在所难免。另外，现在的很多产品可靠性基础水平都很高，比如通常的电子产品，MTBF 可达数万小时以上，这就要求有足够长的试验时间，才能保证一定的故障数用于统计计算。而这么长的试验时间对于开发进度很快的民用产品通常是不现实的。

（2）试验环境难以反映现实使用条件。

可靠性统计试验的结果是否能够真实准确地反映产品实际的可靠性水平，取决于试验室的环境条件能否真实客观地反映现实使用环境。而客观真实地反映现实使用环境往往是难以做到的。产品实际使用的环境非常复杂，除了自然环境，还包括人为因素等各种试验室难以模拟的条件。另外，为了缩短试验时间，有些试验会采用加速的方式进行，而这又带来另一个问题，即如何准确确定加速因子？同小样本问题一样，虽然加速因子的准确确定也有解决方案，但现实问题往往比较复杂，需要考虑的因素很多，通常会对加速因子的准确确定带来困难。

总之，可靠性统计试验通常适用于有足够样本量，对试验时间不敏感的产品。但限于试验环境条件和加速因子难以准确确定等因素，其结果的准确性也难以保证。对于大多数可靠性工作刚刚起步的企业来说，可靠性工程试验应该是更好的选择。

2. 正确选用可靠性试验的标准

确定了要开展哪些类型的可靠性试验，接下来要做的是确定试验标准或试验条件，试验标准的确定将直接影响试验效果。有些企业在开展可靠性试验过程中，会遇到这样的情况：花费了大量的成本和时间做了可靠性试验，却没能有效发现问题，可产品一旦进入市场后却暴露出很多问题。其中的主要原因之一就是没能正确地选用试验标准。

试验标准的选用也与试验类型有关。

上面谈到了可靠性工程试验和可靠性统计试验（按照目的来分），而可靠性试验的种类很多，这里面介绍一种可靠性试验，称为可靠性符合性试验（Reliability Compliance Test）。实际上可靠性符合性试验有点类似于可靠性统计试验中的可靠性验证试验，其目的旨在对产品某些可靠性相关的指标进行测定，以衡量产品是否满足行业标准要求以及市场准入条件。这种试验所测定的指标通常都是与行业相关的，比如汽车的行驶里程、手机的抗跌落高度、连接器的插拔次数、存储设备的读写次数，等等。

符合性试验是企业不得不做的，其做法通常也比较简单，按照行业标准做就可以了。这种行业“标准”又分为三种情况：

（1）行业标准。

包括本行业内国标、国际标准等，以及更高级别的已经发布的标准。

（2）行业内约定俗成。

没有明文标准要求，但行业内形成了某种共识。

（3）业界最佳实践。

如果上述两种都没有，那么在本行业内谁领先谁就是标杆，这种情况就可以称为“业界最佳实践”。

相对于符合性试验，工程试验通常都不是强制性的，企业主要是希望通过工程试验来发现产品内在的问题或缺陷，通过改进设计和工艺实现可靠性增长，此时如果仅仅依赖于行业内的现有标准往往不能达到目的。

上面也提到，可靠性工程试验实际上也有一些现成的行业标准可用，企业初期在没有更好选择的情况下，可以先选用这些行业标准。但是要想有试验更好地激发产品的内在缺陷从而发现失效模式，单纯依靠行业标准是远远不够的。因为现有的很多这种类型的标准都存在滞后的问题，而随着技术、工艺水平的快速发展，我们有必要去思考现有标准中试验条件有效性的问题。比如原来 50℃的高温应力试验可以很好地帮助解决产品的设计或工艺问题，在现有的技术条件下，这样做是否仍然有效就要打个问号。所以企业要想通过可靠性工程试验帮助提高产品的可靠性，就有必要采用基于失效物理（PoF）的方法论，结合自身的实际情况，去研究能够更有效激发和剔除产品缺陷的试验条件，逐步形成并采用自己的企业标准。这也是企业自身可靠性能力建设的一部分。

2.2.4　设计发展阶段

可靠性领域有一句名言：可靠性是设计出来的。在中间试验阶段开展的各种可靠性试验虽然可以起到发现很多设计缺陷的作用，但毕竟处于产品开发周期的后端，此时产品设计已基本完成，即便通过可靠性试验发现了一些问题，更改设计必然严重延误产品开发进度，成本巨大。所以，可靠性工作一定要往前做，即在产品的早期设计阶段就开始进行可靠性工作，也就是我们通常所说的：一次把事情做对。

另外，对于可靠性试验，我们还必须树立一种认识：可靠性试验是用来“激发”产品潜在缺陷的，而不是用来拦截产品的低级错误的。现在很多企业在做可靠性工作时都存在一种误区，即缺乏前端的可靠性设计和控制，过分依赖后端的可靠性试验。对于软件产品的可靠性工作也是一样，在软件开发的早期阶段，如需求分析、架构设计、编码、单元测试等，缺乏可靠性的相关活动与控制，而把发现缺陷的功能全部放在了后面的系统测试上，这样是无法把可靠性工作真正做好的。我们必须充分认识到，可靠性是贯穿于产品研发各个阶段的，每个阶段都有相应的可靠性活动和任务，通过开展这些可靠性活动，就相当于在每个阶段都设置了一张拦截网，通过这样一层层的拦截，才能最终确保投入市场的产品的高可靠性。

可靠性设计工作重点包括以下方面：

1. 确定适用的可靠性设计方法

一说到可靠性设计方法，有些人立刻就会想到可靠性预计分配，实际上可靠性设计方法很多，可靠性预计分配只是其中一种，而且所占的比重很小。

图 2.6 给出了 GJB 450A 中列举的部分可靠性设计方法。

GJB 450A 标准条款编号	工作项编号	工作项目名称	论证阶段	方案阶段	工程研制与定型阶段	生产与使用阶段
5.1	101	确定可靠性要求	√	√	×	×
5.2	102	确定可靠性工作项目要求	√	√	×	×
6.1	201	制订可靠性计划	√	√	√	√
6.2	202	制订可靠性工作计划		√	√	√
6.3	203	对承制方、转承制方和供应方的监督和控制		√	√	√
6.4	204	可靠性评审	√	√	√	√
6.5	205	建立故障报告、分析和纠正措施系统	√		√	√
6.6	206	建立故障审查组织	√		√	○
6.7	207	可靠性增长管理	×	√	√	○
7.1	301	建立可靠性模型		√	√	○
7.2	302	可靠性分配		√	√	○
7.3	303	可靠性预计		√	√	○
7.4	304	故障模式、影响及危害性分析		√	√	
7.5	305	故障树分析	×		√	
7.6	306	潜在通路分析	×		√	○
7.7	307	电路容差分析	×		√	○
7.8	308	制定可靠性设计准则		√	√	○
7.9	309	元器件、零部件和原材料的选择与控制	×		√	○

图 2.6　GJB 450A 列举的可靠性方法示例

可见，可靠性设计不仅仅是可靠性预计分配。

2. 从标准开始，最终摆脱标准，建立自己的方法论

同上面讲到的可靠性试验类似，所有的可靠性设计方法，最开始使用时，由于缺乏自己的用法和数据，不得不采用现有的标准，这一点无可厚非。比如可靠性预计，初期企业没有自己的失效率数

据，只能用类似 GJB 299、MIL-HDBK-217 等标准上的数据；模型方面也一样，自己没有建模的能力，只能先暂时用书本上或标准上现成的模型。器件降额，初期我们没有自己的研究，对于每种类型的元器件，降额降多少合适、降额等级如何划定等问题，只能从现有标准上找答案。但我们必须意识到，从现有标准上找答案只能是短期的权宜之计，这些标准的做法、数据并不一定完全适用于我们的产品，至少我们没有对其适用性进行过论证。我们很多的可靠性工作最终浮于表面，没能做出实效，部分原因就是我们太过依赖于现成的标准，而缺乏结合自身产品的研究。这个问题同上面讲的可靠性试验的情况是一样的，几十年前的 50℃高温条件用在现在的电子产品上，可能早已失去了激发失效的作用，这样的可靠性试验又能发现什么问题呢？任何一种可靠性方法，都不能简单地信手拈来，而是都需要我们去结合自己的产品深入研究。

3. 可靠性工程师需要亲力亲为

虽然我们一再强调，可靠性是产品的一种固有属性，可靠性设计是产品研发的一个固有组成部分，可靠性工作总体上也应该由产品研发人员来承担。但在可靠性设计开展的早期阶段，由于受诸多条件的限制，还无法达到那种理想的状态，因此这个阶段就需要可靠性工程师们担负起更多的责任。

可靠性工程师在这个阶段最主要的任务就是做出“范例”来。上面我们提到，可靠性工作所涉及的各种方法都需要结合产品去研究其应用之道，而研究的结果就是一个个的“范例”。我们与其空洞地给研发人员培训可靠性的基本理论，不如拿出实际的例子来，这样研发人员更容易理解和接受，此时我们把这些方法及其如何应用再教给研发人员，从而完成了可靠性的赋能过程。

从试验转向设计这个阶段，主要面临如下两大困难。

（1）企业总体可靠性氛围、意识欠缺。

通常这个阶段，整个企业，从研发、测试到生产制造，从高层管理者到底层工程师，对可靠性都缺乏系统性认识，导致可靠性工程师在推行可靠性设计方法时困难重重。

（2）可靠性技术方法缺乏结合自身产品的实践经验。

当我们开始在产品的设计中应用一种可靠性技术方法时，书本上的理论、别人的经验都可以拿来作为指南和参考，但更重要的是结合自己的产品特点研究其应用之道，这样才能做出效果来，否则就很难推行下去。

这个阶段可以说是整个可靠性工作发展过程中最重要，也是最困难的阶段。很多企业在推行可靠性工作的过程中就是在这个阶段败下阵来，从而止步不前的。原因就是上面所说的，可靠性的技术方法没能与产品实际紧密结合，因此实际实施的效果就不好，可靠性的各项工作得不到企业管理者和开发人员的认可，成为游离在产品之外的一项工作。

这个阶段，除了考验可靠性工程师的技术能力外，更考验其定力和意志品质。因为在这个阶段，对于很多可靠性工作，可靠性工程师不得不亲力亲为，做出成功的范例来，并做好一切必需的基础工作，即可靠性的基本方法、数据、工具、模型、算法等。为什么我不建议一些零基础的企业一上来就搞流程、建体系、推量化，因为如果前期没有这些基础工作的积累，这些工作是不可能做好的。所以，这个阶段，要求我们必须沉下心来，把基础打好。

2.2.5 流程建立阶段

经过前面一个阶段的摸索后，我们在可靠性设计、试验方法的应用，基础数据的积累等方面都有了一定的基础，这时候就需要考虑如何把可靠性工作固化到我们的研发流程中去。因为本质上可靠性是产品开发的一个组成部分，它并不是独立于产品研发之外的一项工作。所以可靠性的各项活动最终都要落到产品的研发流程中，而活动的执行主体也必将是研发、测试等人员。所以，可靠性工作的流程化是可靠性与产品研制真正结合的体现。

现在很多企业都引入了 IPD 研发流程，我们需要结合具体情况，研究在 IPD 流程中的各个阶段如何将对应的可靠性活动融入进去，并推动开发、测试和生产制造工程师按照流程的规定执行可靠性活动。

可靠性工作纳入流程，对产品和可靠性是一个互利双赢的结果。可靠性工作只有纳入流程，才能确保其落地；而反过来，纳入流程的这些可靠性活动一定要对产品研发起到帮助作用，而不是成为它的一种负担。这就是为什么笔者一再强调，在建可靠性流程之前，要经过前面一个阶段的基础方法和数据的积累过程，要把那些真正有效的方法纳入流程，同时还要考虑这些方法在实施中的轻量化和便利性，要有相应的工具和数据支撑，在保障效果的同时，尽量减轻可靠性工作给研发带来的额外的工作量和负担。

下面以 IPD 流程为例，看看可靠性工作是如何落入研发流程的。

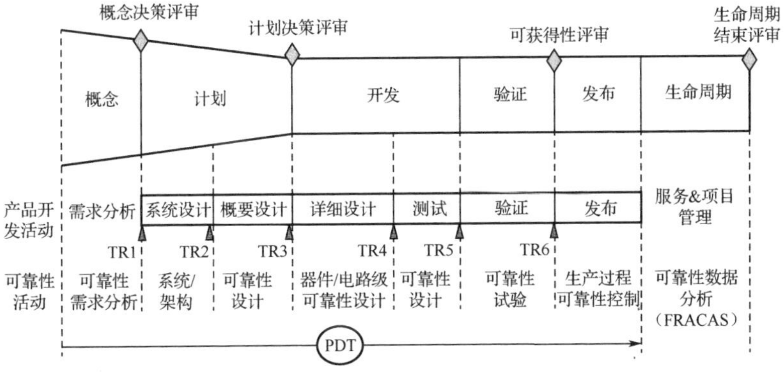

图 2.7　IPD 研发流程与可靠性的结合示例

由图 2.7 可见，可靠性的所有活动，都是与研发活动一一对应的，或者说，就是作为研发活动的一个组成部分存在的。这种融合体现在以下三个方面。

（1）研发活动。

如上所述，在整个可靠性流程中，很多可靠性活动并非单独存在的，而是作为研发活动的一部分存在的。比如概念阶段的可靠性需求分析，实际上按照产品的开发流程，这个阶段要完成产品的需求分析，而可靠性的需求只是作为其中的一个特性。这种融合也体现在很多流程文档中，比如《总体方案设计报告》《详细设计报告》等，可靠性都是作为其中的一个章节存在的，由此可见，可靠性流程最好能与企业研发流程同步建立，这样就可以一次性将可靠性的内容融入到研发流程中去。

（2）研发评审。

在 IPD 流程的各个阶段有几个决策评审点和技术评审点（Technique Review，TR），这些评审点是确保每个阶段按要求完成的重要环节。同研发活动一样，每个评审点也需要包含可靠性的评审。

（3）研发团队。

我们知道，整个 IPD 的运作核心是 PDT（Product Development Team）团队，这个跨部门的产品开发团队，为了确保可靠性活动在流程中落地，PDT 成员中也必须包含可靠性工程师。而具体可靠性工程师是作为单独的一个业务代表，还是开发的一部分，则要视企业的业务部门设置和所处的发展阶段而定，这个问题在后续有关可靠性流程和可靠性管理的章节还会进一步讨论。

将可靠性工程师纳入 PDT 团队是必须的（IPD PDT 团队组成见图 2.8），虽然在可靠性流程的构建过程中，会针对每一项可靠性流程活动拟制相应的指导书、模板、checklist（清单），并通过培训等形式确保研发和质量人员对可靠性活动的开展和审核有充分的了解，但产品的可靠性工程师仍然是产品可靠性的主要责任人和实施者之一。同时，有些可靠性活动也必须借助团队的协助才能完成，比如 FMEA，开发人员负责分析，器件、采购、工艺、测试等工程师都需要参与评审，以深入准确地分析可能的失效原因，并寻求全面、最佳的预防与解决措施。

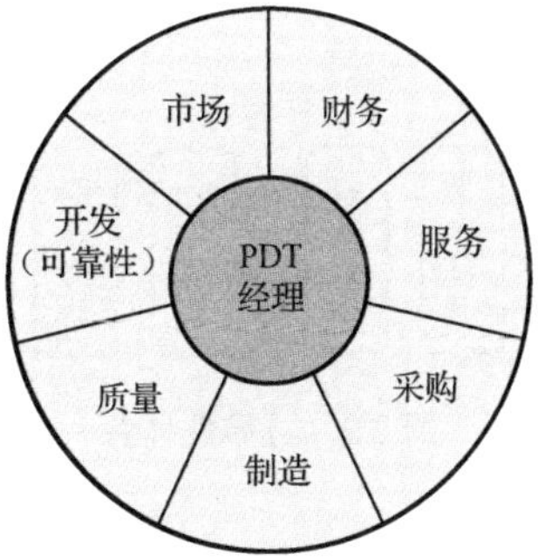

图 2.8　IPD PDT 团队组成示例

2.2.6 体系建设阶段

将可靠性工作纳入研发流程是企业推行可靠性非常关键的一步，也是里程碑式的一步，因为这表示可靠性不再是游离在产品研发之外的一种可有可无的工作，真正解决了所谓的“两层皮”问题，体现了可靠性与产品的融合。但同时我们也要意识到，要想维持可靠性流程的正常运转，确保可靠性活动的有效性和高质量，还必须有一个完善的体系来支撑。

我们把这种可靠性体系分为管理体系和技术体系两部分，见图 2.9。

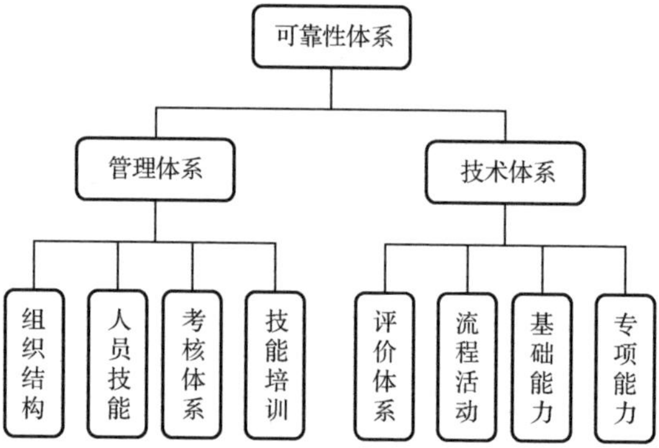

图 2.9 可靠性体系

1. 可靠性管理体系

管理体系关注的是人和能力的问题。

所谓“专业的人做专业的事”，可靠性的一个重要特点就是它的技术性和专业性非常强。不仅是可靠性专业本身，还包括与相应产品和业务的融合上。我们构建了端到端的可靠性流程，从产品的系统设计、软/硬件设计，到测试、生产等各个环节，同时又覆盖器件、采购、工艺、试验等诸多专业领域，所有这些领域都是可靠性流程中的一个环节，那么在这些领域中，是否有专业的人，以及这些人是否有足够的能力来支撑各自领域的可靠性工作，是整个可靠性流程能否有效运作的一个重要因素。

如上所述，可靠性涉及企业中这么多的研发和业务部门，那么站在企业的角度，如何打造一个有效的可靠性组织结构就是一个必须面对和解决的问题。

伴随着可靠性纳入研发流程，可靠性工作的责任主体也发生了转变，即由原来的可靠性部门向产品研发部门转移，此时的可靠性工作已经不像之前那样，需要可靠性工程师亲力亲为，而是更多地需要产品研发人员来承担，即在产品开发的同时完成可靠性的各种设计和分析工作。所以为了适应这种变化，需要对整个研发体系进行全面深入的可靠性培训的同时，更有必要构建产品研发体系自己的可靠性专业队伍，由他们来承担起可靠性流程的各项工作。

当产品研发构建了自己的可靠性专业队伍后，原来的可靠性工程师就可以上升到企业级的可靠性管理部门，实施对整个企业的可靠性管理，也就是所谓的可靠性行业管理（简称行管）。由此就构建起一个企业级的矩阵式的可靠性组织架构，既有企业级的可靠性管理部门，也有事业部（BU）和产品线（PL）级的可靠性团队。这种分层的矩阵式管理架构建立以后，还需要考虑如何管理的问题，包括绩效考核、技能培养和职级评定等。这些都是可靠性管理体系需要涵盖的内容。

2. 可靠性技术体系

与以过程管理为主的体系思想不同，可靠性是一个技术性和专业性都很强的工程领域，其中包含可靠性本身的方法论，比如可靠性建模、可靠性预计、FMEA，等等，而更重要的是这些方法如何结合产品和技术有效应用，这才是可靠性的价值所在。而要做到这一点，就需要有完整的技术体系来支撑，包括以下两方面。

（1）可靠性技术方法的研究与应用。

包括现有的可靠性技术方法如何结合产品有效运用，以及新可靠性技术方法的研究与导入。

（2）可靠性基础支撑能力。

可靠性技术方法的有效应用离不开基础能力的支持，包括基础的数据库，如用于可靠性预计等定量计算的失效率数据，用于 FMEA 的失效模式数据，等等。因为无论什么来源的可靠性数据，都不如自己的数据真实有效，所以企业应及早布局，尽快建立健全 FRACAS 系统，逐渐积累可靠性工作所需的各种数据。另外，可靠性基础支撑能力还包括各种可靠性工具，如可靠性测试工具、可靠性仿真分析软件等。

2.2.7　能力中心阶段

对于很多企业而言，当将可靠性工作纳入研发流程，并建立起完善的可靠性体系时，可以说可靠性工作已经达到了非常高的一个层次。但我们还必须认识到，可靠性技术及其应用是需要不断发展的，其中既包括可靠性专业技术本身，也包括新的技术、产品对可靠性提出的新的要求。

一是可靠性的专项研究。这里所说的专项研究，是指一些可靠性的专项技术点的研究与应用。比如前面曾提到的分布式系统/数据库的数据一致性问题，网络的容灾设计，网络故障的快速检测定位与恢复技术，等等。如果我们把可靠性流程活动看作一个“面”的话，这些专项就相当于一个个的“点”，点是对面的补充，通过点面结合，最终确保产品的高可靠性。

二是可靠性新技术的研究。产品和技术是在不断发展的，可靠性技术也必须随之发展，否则就会因落后而失效。比如无线通信网络，从最初的2G，经过3G、4G，直到现在的5G，网络技术本身快速演进，每一代的网络技术和形态对可靠性的要求也不尽相同，因此我们的可靠性工程师必须不断研究每种新技术、新产品带来的新的可靠性问题，提出新的方法和解决方案。再比如面对传统的通信网络，可靠性设计追求的是“功能的连续性”，即，必须通过可靠性设计，减少故障的发生，千方百计地将保障业务不中断作为设计宗旨。而当转向5G应用场景中的无人驾驶领域时，可靠性设计的思路就需要有所转变，因为除了“功能的连续性”，我们还必须充分考虑安全性，当一个故障发生时，首先应该考虑的是人身安全性，而不再是功能的连续性，也就是我们常说的fail-safe的设计理念，而这种观念的转变，将大大影响可靠性设计方案的实现。

可靠性工作的流程化，使可靠性专业工程师可以腾出手来，有更多的精力从事新技术、新领域的可靠性专项技术研究，并成为这些专项领域的可靠性专家。从企业整体的角度，这也相当于一种能力建设。此时的可靠性已经从一种专业的管理部门转化成专业的可靠性能力中心。也就是说，不再仅仅提供产品可靠性的专业方法，而是更为具体的产品可靠性解决方案，为产品解决现实的各种可靠性问题。

建设可靠性能力中心对可靠性工程师提出了更高的要求，需要可靠性工程师们加强与业界各技术领域顶级专家和机构的合作，并学以致用，在合作中不断提升自己的能力，最终使自己成为可靠性领域的顶级专家。

2.2.8　可靠性的更高阶段

当然，前面介绍的可靠性工作的五个阶段，只是基于作者本身的工作经验总结出来的，正如前面所说，基于不同的企业和产品，企业的可靠性发展历程绝不可能是一个模式，所谓“条条大路通罗马”。但无论经历几个阶段，可靠性工作的终极目标一定是将可靠性真正融入到产品中去，成为产品的一种固有属性。这时候可靠性看似不存在了，实则已经融入到产品中去了。这也是为什么我们看到，国内外的很多优秀企业，表面上并没有一个庞大的可靠性团队或体系，但其开发的产品却具有很高的可靠性。所谓从哪里来，回到哪里去，无招胜有招。

这其实也回答了一个关键的问题：可靠性工作与产品之间到底是怎样的关系。

我们很多人可能都有这样的困惑，可靠性工作和产品是“两张皮”，融不到一块儿去。这固然与实际工作做得不够深入有关，但另外一个问题可能源自于我们对二者的关系，从一开始就存在理解上的偏差。

虽然在实际操作中，形式上很多可靠性工作确实是和产品研发独立进行的，尤其是在企业可靠性开展初期。但我们从一开始就必须有意识地树立，可靠性工作是研发人员的职责，而可靠性工程师更多是辅助研发人员来完成可靠性工作的理念。对于研发人员，绝对不能有“我只负责产品研发，可靠性工作是可靠性工程师的事儿，与我无关”的思想。

其实，不管有没有引入可靠性的理论，企业或多或少都在做“可靠性”的事儿。我不相信一个企业一点朴素的可靠性思想和活动都没有。哪怕是一家手工作坊，它想做一个电子设备，假设它根本不懂可靠性技术，也不懂器件可靠性认证和品控，只打算跑到电子市场的摊位上随便买一些电子元器件回来用，那么出于朴素的思想，也一定会挑一挑、选一选。尤其是买的多了，有了经验累积了，甚至有一些统计数据了，它更会了解如何才能买到质量更好的元器件，这其实就是器件可靠性选型理论的由来。

做硬件电路设计也是一样，一个有着丰富经验的设计人员，“踩的坑”多了，自然就知道元器件应如何布局，各种信号该如何走线，才能规避掉可能的问题。这些朴素的经验累积起来就是可靠性的设计准则。

其实，可靠性的理论莫不如此，都是来自于产品的实际经验。这些经验经过汇总、整理、分类等等，最终形成了一整套可靠性理论。

解决了从哪里来的问题，接下来就是到哪里去的问题。

可靠性的理论已经形成，企业是不是就可以不假思索拿来用就行了？肯定不是那么简单，哪些理论适合自己，每种理论该如何去用，则是我们企业需要去解决的关键问题，这也就是可靠性的理论如何回到产品中去的关键。

如果说从朴素的经验累积形成可靠性理论是一个加法的过程，那么可靠性理论回归产品应用则应该是一个减法的过程。每个企业、每个产品的情况不同，适用的可靠性理论方法也不同。同时，随着企业可靠性的深入开展以及产品的不断成熟，原本那些适用的理论也可能会随之被裁剪。虽然也会有一些新的可靠性理论和技术加入进来，但总体上应该是呈减法的趋势。

从笔者了解和接触的很多企业来看，总体上可靠性的发展规律也基本如此。一开始基本都有一个非常庞大的可靠性体系，但随着企业流程的完善、技术的成熟，以及可靠性的普及和深入开展，目光所及的可靠性工作在不断减少，也不再需要一个庞大的可靠性专业队伍来维系可靠性体系的运作，甚至有时都不需要一个专门的可靠性部门了。但这些企业产品的可靠性却仍然很高，由此可见，这绝不表明这些企业不重视可靠性工作，而是像我们一开始所说的“可靠性真正融入到产品中去了”，达到了可靠性的最高境界——自己把自己做没了。

2.3 本章小结

可靠性是一个系统工程，打造一个完备的可靠性体系并非一朝一夕的事，需要一点一滴的积累。当一个企业想要推行可靠性时，可以考虑先从可靠性试验做起，因为它的入门门槛比较低，且比较容易见到效果。而如果想进一步提升产品的可靠性和研发能力，则必须把前端的可靠性设计搞起来，这个阶段会比较困难，需要我们企业的管理者、研发人员和可靠性工程师上下一心，精诚团结，共同推进。尤其是可靠性工程师，更要身先士卒，开拓进取，通过艰难的探索去闯出一条路来。而一旦可靠性工作纳入研发流程，就变得例行化和规范化，产品的可靠性也就有了基本的保障。此时我们的可靠性发展之路还没有完结，可靠性工程师还需要开展各种专项的技术研究与应用，并推动可靠性工作随着新技术、新产品的应用不断向前发展。

以上只是基于笔者本人的实践经验总结出来的可靠性发展的几个阶段，虽然实际应用中不同的企业情况会有所不同，但还是具备一定的共性的。这其中最难的应该是从第一个阶段向第二个阶段的转换，即从可靠性试验向可靠性设计的转换，很多企业的可靠性工作都被卡在这个转换过程而无法进一步向前推进。除了上面已经多次提到的，有些企业的可靠性设计工作存在脱离产品的问题，还与可靠性设计工作本身的特点有关。如上所述，可靠性试验是用于发现问题的，因此往往能够成为“救火英雄”而受到关注，甚至发现的问题越多，就越受重视；而可靠性设计是用于避免问题的，按照可靠性设计准则做产品设计，就可以避免出现很多的可靠性问题，而正是因为问题被避免掉而没有出现，其效果就往往不容易被人看到，无形中成了“无名英雄”。因此，我们在做可靠性设计时，必须意识到这个问题，并在工作过程当中有意识地去宣传可靠性设计的作用和效果，这将有助于可靠性设计工作的推动和落地。

另外在可靠性流程体系建设阶段，需要注意的一个问题是可靠性流程与研发流程的同步。我们并不是为了做好可靠性而单独去建一个可靠性流程，实际上可靠性流程是作为整个研发流程的一个子流程存在的，换句话说，可靠性流程是完全依附在研发流程上的。现在很多企业都开始重视研发流程的建设或整改，比如推行 IPD 集成产品开发流程，以期提升企业整体的研发能力和质量，也是将可靠性工作纳入研发流程的一个重要的机会或节点。因为很多可靠性工作和研发工作本身就是一体的，比如在研发文档中，很多时候可靠性是作为其中一个章节存在的，这也就预示着可靠性工作是作为研发活动的一部分而进行的。因此，企业在构建 IPD 研发流程时，如果能把可靠性工作融入进去，可以减少很多后期的重复和修改工作。而反过来，企业也应该利用好这个有利时机，推动可靠性工作纳入研发流程，使可靠性工作真正与产品相结合。

可靠性流程建立以后，后面的体系和能力建设也就成了自然而然的事了。因为要维系这样的流程有效运作，就必须要有具备相应能力的人，以及相应的管理规章制度，这些就构成了所谓的可靠性体系和能力中心。所以纵观整个可靠性发展过程，其中最重要、最关键，也是最困难的还是可靠性设计以及流程建设。

第3章

合纵连横——企业可靠性技术体系

前面我们提到，企业的可靠性发展历程可能不尽相同，所谓“条条大路通罗马”，企业需要根据自身的实际情况和特点打造自己的可靠性“罗马”，那么这个可靠性“罗马”到底什么样呢？这就是本章要探讨的问题——企业可靠性技术体系的构建。

3.1 企业可靠性愿景目标

通常一个企业，会有一个总的可靠性愿景目标，然后围绕着这个愿景目标，来构建可靠性技术体系。一个完整的可靠性技术体系示意图如图 3.1 所示。

简单来说，可靠性愿景目标就是我们企业推行可靠性的目的是什么。

我们做一件事，通常都会有一个目标，然后才能确定为达成这一目标，需要从哪些方面来努力。这个“目标”就是我们所说的愿景，而这些“方面”就是所谓的体系架构。

当然，对于这个目标也没有一个明确的规定，它可以是笼统的、定性的，如“使企业及其产品达到业界领先/第一”，也可以是具体的、量化的，如“企业的产品可用度达到 5 个‘9’”，“返修率小于 1‰”，等等。但这个目标基本上应该是一个相对比较长远的和较大的目标，而过于短期的小目标，则更接近于一个可靠性技术规划，而不像是构建企业的可靠性技术体系了。

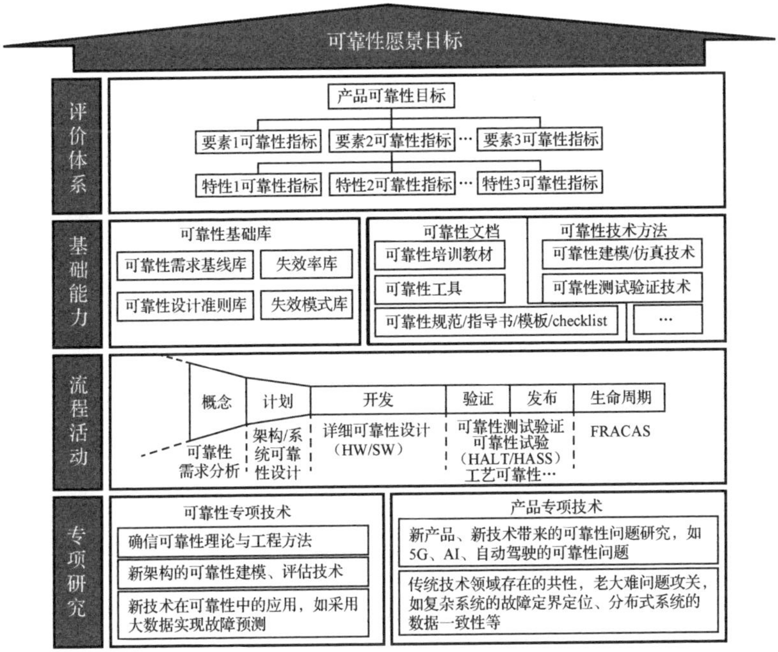

图 3.1　企业的可靠性技术体系

下面我们就针对可靠性技术体系的四大部分分别加以论述。

3.2 可靠性量化评价体系

3.2.1 可靠性量化评价的意义

对于一个系统或产品，通常都有一个整体的可靠性指标要求，比如前面提到的对于通信网络设备，要求可用度要达到 5 个“9”。但这个指标要求过于“高大上”，难以直接实现和验证。所以在工程实践当中，需要将其一步步地分解下去，使其变得“可实现、可验证”，这样这个指标才能落地，这是一个从上而下的过程。当我们将一个处于顶层的可靠性指标一层层分解下来后，实际上这时候就不再是单一的一个指标了，而是形成了一个分层的指标体系，这就是我们所说的可靠性的量化评价体系。

另外，当我们用众多的元器件、软件代码“堆”出一个产品时，我们也需要知道如此堆出的产品可靠性到底如何，是否满足最初的设计目标以及市场要求。这又是一个从下至上的过程。

其实这两个过程，在传统的可靠性理论中都有对应的方法论，从上而下的称为可靠性分解分配，从下至上的称为可靠性预计评估，也都有相应的方法。这些方法本身并没有什么问题，关键还是如何与工程实践和产品相结合。因此，本书的重点不在于重复介绍这些方法论，而是探讨在工程实践当中如何去构建我们的可靠性量化评价体系，以及完成量化评估。

在可靠性领域，对于可靠性的量化评价工作长期以来都有很多讨论，核心的问题就是这项工作的价值到底是什么，通俗来说就是“我们计算这个/些指标到底有什么用？”

在笔者的企业实践工作过程中，也遇到过这样的问题，并一度出现过淡化可靠性量化评价工作和指标的情况，即重点抓“改进”，不问结果。所有的可靠性工作都围绕着发现问题，然后通过改进实现产品可靠性的提高来开展，而不必非要算出个“量化指标”来。但随着可靠性工作的推进，我们越来越发现，可靠性的量化评价工作实际上是避不开的，主要体现在以下几个方面。

1. 市场/客户需要

把产品推向市场，为了让客户相信我们的产品是可靠的，需要向客户介绍产品的可靠性，可能详细地介绍了产品中采取了哪些可靠性措施，都开展了哪些可靠性活动，但最终还是需要一个量化的评价指标，更加直观地说明我们的产品的可靠性水平。而反过来，客户往往也会基于业界标准，对我们的产品提出量化的可靠性指标要求，所以说从市场/客户角度，这个问题是无法回避的。

2. 产品设计需要

产品的设计需要包含两个方面：一是与上面的市场/客户类似，产品在完成了一系列可靠性活动后，也需要明确地知道，当前这个产品的可靠性到底达到什么水平，是否达到市场/客户的需求。二是在设计中便于方案比较，当有两个以上的设计方案时，我们说 A 方案的可靠性比 B 方案的可靠性好，除了定性的分析外，最好有定量的评价指标，量化指标能够使可靠性上的差异更清晰化，从而有助于综合权衡比较。

3. 可靠性工作需要

再回到我们可靠性自身，实际上很多可靠性活动、可靠性特性也都离不开定量的指标。就像前文提到的，当通信网络设备发生故障时，为使用户无感知，要求可靠性的保护机制的业务恢复时间不得超过 200ms；而为了使通话不中断，则这个时间不能超过 3s，等等。当把这些可靠性特性的量化要求融入到产品的设计需求后，后续一系列的可靠性设计、测试、试验都要围绕这些量化指标来进行。另外，可靠性的管理体系也需要这样的量化指标。可靠性的业务体系必须对产品的开发团队和其他相关业务领域实施管理和约束，换句话说，可靠性的量化指标并不是只由可靠性部门来承担，可靠性永远是产品的一个固有属性，所以可靠性的业务体系一定要对产品开发团队实施管理和考核，这样可靠性的各项指标和工作才能落地，而产品的可靠性量化指标就是考核产品开发团队的一个重要内容。所以说可靠性工作，自始至终都无法回避可靠性量化评价工作。既然一定要做，就要把它做好。

影响大家对可靠性量化工作看法的一个重要问题就是量化的准确性，尤其是当采用理论的可靠性模型方法、标准的基础数据来计算一些传统的可靠性指标时，如 MTBF、可靠度、可用度等，需要注意两个方面的问题。

（1）理论的可靠性模型是否能准确描述产品结构。

所谓理论的可靠性模型是指我们在可靠性的基础理论书籍中常见的一些可靠性模型，比如以串并联关系为主的可靠性框图（RBD）、马尔科夫模型等。实际上书本上介绍的这些都是一些基础的、典型的理论模型，更多地讲模型的原理，也只能应用于一些简单的产品结构上。而实际的产品结构和可靠性影响因素则非常复杂，不是简单的模型所能准确描述的。再加上产品形态也是日新月异，不断有新的结构形式出现，比如磁盘阵列中的 RAID 模式、云计算和数据中心中服务器集群架构等，这些新的产品形态已不能简单地用串并联、多数表决这样的理论模型来描述。此外，理论模型基本还是个两态模型，即其中的单元只有正常和故障两种形式，而实际上产品的形态多种多样，“带病运行”的情况也很普遍，这个问题在之前的可靠性基本概念部分也谈到过。如何用可靠性模型去描述这些状态，这是可靠性基础工作中一项长期的重要工作。

（2）基础的可靠性数据是否准确。

系统的可靠性评估离不开基础的可靠性数据，比如元器件的失效率。虽然可以从现有的一些可靠性标准、手册中获得这些数据，但这些数据普遍存在的问题都是过于陈旧，无法准确反映企业实际的可靠性水平，导致基于这些数据计算出的结果与现实偏差较大。

如果我们只是做产品设计方案的可靠性比较，或者只是想粗略地估算一下产品的可靠性水平，这样的偏差还可以接受。但当我们需要把可靠性指标白纸黑字地写入合同，通常称为服务等级协议（Service-Level Agreement，SLA），若无法满足要求将会面临巨额罚款，继而影响到企业的市场声誉，此时可靠性评估指标的准确性就不再是可以忽视的“小”问题。

与可靠性模型方法一样，可靠性基础数据同样是基础工作中一个重要的组成部分，这个问题将在可靠性技术体系的第二节：“基础能力”中进一步展开来讨论。

由上可见，可靠性的量化评价工作是整个可靠性工作中不可或缺的一个组成部分，它对于产品、市场都有着重要的作用。但要把量化评价工作做好，需要首先把相关的基础工作做好，包括构建可靠性的基础模型和数据等。可靠性量化评价工作可以看作定性工作的一个高级阶段，企业可以先从定性的可靠性工作抓起，同时坚持开展量化的基础工作，为进一步发展到量化阶段做好积累。

3.2.2 可靠性量化评价体系结构

可靠性量化评价体系不是一个单纯的可靠性指标，而是一个分层的体系结构，在这个体系结构的最顶层就是我们系统级的可靠性指标，往下则分别是要素和特性，见图 3.2。

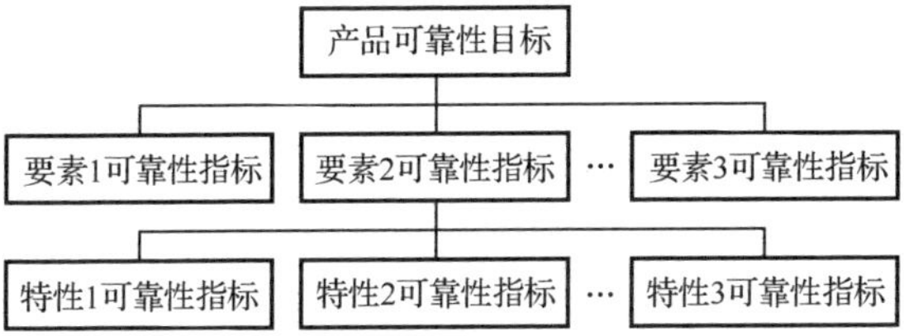

图 3.2　可靠性量化评价体系结构示例

最上面的产品可靠性指标，通常是我们的产品所需达到的可靠性目标值。比如对于通信网络及其设备一般要求其可用度要达到 5 个“9”，即 99.999%，相当于年停机时间不超过 5 分钟。当然，也可以是可靠度、MTBF、失效率等其他可靠性指标。

图 3.2 中的要素是指影响可靠性目标达成的各种因素，所以我们需要考虑决定产品最终可靠性的都有哪些要素？这需要我们对所在行业和可靠性有全面深入的理解。仍以通信网络为例，按照通信行

业的规定，网络的停机时间包含两部分：计划性的和非计划性的。计划性的停机是指由于例行的维护、升级、扩容等操作所导致的网络中断，这种中断是有计划的，所以称为计划性停机。非计划性停机通常就是指由于故障、网络攻击等意料之外的原因导致的网络中断，这部分中断当然是计划外的，而计划外的故障又可以分为网络故障、系统故障、硬件故障和软件故障等。

图 3.2 中的特性指某个具体的可靠性方案及其要满足的要求。通常一个要素下需要有多个特性来支撑。

3.2.3 确定产品可靠性指标

具体到一个（类）产品，应该采用哪个/些可靠性指标，取决于不同的产品类型及其工作特性。

1. 系统

系统是指由多个相互关联和相互作用的软硬件模块组成的功能单元。系统又可以分为两种：一种是需要连续运行的，比如通信网络需要 7×24 小时的工作，这种系统比较适用于可用度、MTBF 等指标；另一种系统是只需短时工作的，比如导弹系统中的弹上设备，工作时间有的只有短短几秒钟，这时候强调的就是成功率类型的指标，比如可靠度等。

2. 硬件

硬件可靠性指标的确定也适用上述的选取原则，此外，它还具有一些特定的指标，比如返修率。在 TL9000 标准中对硬件单元的返修率及其统计方法给出了明确的规定，其中将返修率分为早期返修率（ERI：用于测量首次发货后前 6 个月内返修的产品）、年返修率（YRR：用于测量发货后 7～18 个月内返修的产品），以及长期返修率（LTR：用于测量发货 18 个月之后的产品返修情况）。从这个定义可以看出，返修率与浴盆曲线中的失效率有点类似，但在应用过程中，必须清晰地界定二者间的联系和区别。

从算式上看，二者的分子是相同的，都是失效数（n）。但区别在于分母，失效率（λ）的分母是时间，而返修率的分母仍然是数量（发货总数 N）。所以说，从理论上来说，二者是不同的两个概念；但工程上有时需要将二者进行直接的换算，于是有了下面的简化算法：

$$\text{YRR} = \frac{n}{N}$$

$$\lambda = \frac{n}{N \times 8760(\text{小时})} = \frac{\text{YRR}}{8760(\text{小时})}$$

上式中假设，年返修率 YRR 算式分母中的发货总数为 N，统一工作了 1 年（8760 小时），因此累积工作时间为 $N\times8760$（小时），失效数仍为 n，因此就相当于用年返修率除以 8760，即得到对应的失效率。当然这只是工程上的一种简化近似算法。

3. 软件

虽然在很多场合，软件仍然采用与系统和硬件相同的可靠性指标，但我们必须明确，软件的失效机理和规律与硬件是完全不同的：软件没有衰退效应，其失效率也不服从指数分布和浴盆曲线的规律。硬件失效曲线（浴盆曲线）和软件失效曲线见图 3.3 和图 3.4。

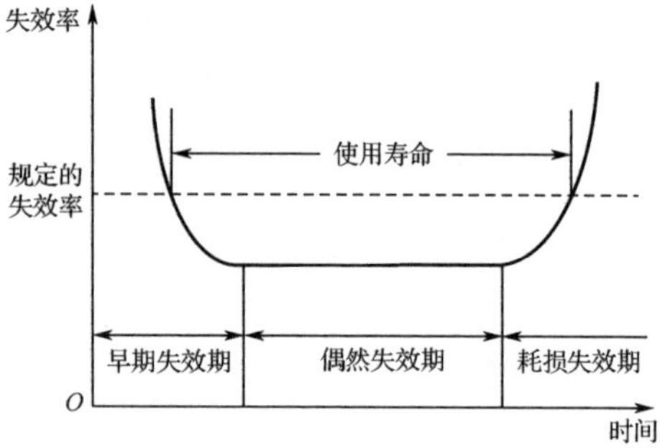

图 3.3　硬件失效曲线（浴盆曲线）

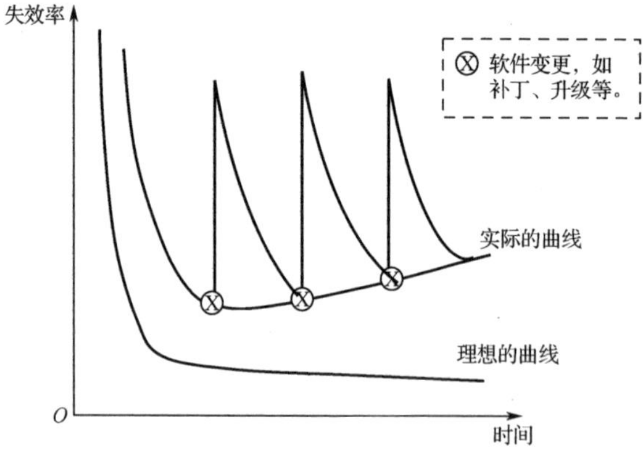

图 3.4　软件失效曲线

软件可靠性特有的指标有两个：缺陷数/千行代码（程序方面）和持久度（数据方面）。

面向软件程序的缺陷数/千行代码这个指标同硬件的返修率有点类似，它们都不是严格意义上的失效率概念，最多是一种比率，其中没有时间的概念。用英文表述就是 ratio，而不是 probability。这个指标通常应用于软件开发过程中，对软件当前的可靠性水平做出评定。

另一个指标就是针对数据的持久度，英文名称 durability。通常是指软件或应用中的数据可以被安全地保存而不发生丢失的概率，是衡量数据可靠性的一个重要指标。比如目前业界广泛采用多复本的方式保证用户数据的可靠性，其持久度指标通常可以做到 11 个“9”以上。

上面简单介绍了软硬件和系统常用的一些可靠性指标，其实在选取可靠性指标时还有一个需要加以注意的问题，就是明确可靠性指标的内涵，避免因含糊不清而造成误解。我们以寿命这个指标为例加以说明。

对于很多产品，寿命是一个常用的可靠性指标，如要求某通信网络设备寿命大于 15 年，或者某家电产品寿命不得低于 10 年，等等。但如果没有对这里面的寿命指标做出明确的定义，这种提法往往会导致理解上的困难。尤其是对可修的电子设备，理论上，如果不考虑技术的更新换代和维护维修成本，产品的寿命可以做到无穷大：任何部件故障，通过维修或更换都可以使其恢复正常而继续工作。而实际当中，这类的电子设备“寿命”终止，绝大部分并不是由于被用坏掉了，而是因为其他一些原因，如新技术、新型号的推陈出新，导致老旧型号产品被淘汰；如旧手机在还没坏的情况下，就更换了更新型号的手机；或者虽然仍可维修，但维修成本高，相对于购置新产品不具性价比，这种情况在家电这类消费类产品中比较常见，即“不值得修”。而这些因素很多已超出了可靠性的范畴，或需要增加一些约束条件。因此我们在应用这类可靠性指标时，必须明确其含义，统一认识。对于寿命，可能有多种不同的定义。

（1）服务寿命（Service Life）。

主要考虑了设备的更新换代周期以及运行后期维护费用的增加，对应产品 EOS（End of Service，服务和支持的结束）时间。

（2）使用寿命（Useful Life）。

主要指从早期失效期到耗损失效期这段时间（见图 3.3 中的浴盆曲线），也就是产品从开始运行到出现一个不可修复（或不值得修复）的故障或不可接受的故障率之前的时间。

（3）平均寿命（Mean Life）。

对于可修系统而言，主要指失效率的倒数，即 MTBF（平均无故障时间），其统计值为累计运行时间除以累计故障次数。

那么，具体到我们的企业和产品应该选取哪个寿命定义，则要具体问题具体分析。根据上述的定义我们可以看到，前面两个寿命都是有前提条件的：

服务寿命取决于产品的更新换代周期和后期维护成本。更新换代是由技术发展决定的，与可靠性基本不相关，所以要使用这个寿命概念主要考虑后期维护成本。首先应给出产品后期维护成本的可接受上限，达到此上限即认为产品“不值得修”，应报废换新或退出服务。比如某些家电类产品，多以其中主机或关键部件的故障作为整个产品寿命终止的判据。也是因为主机或关键部件故障的维修更换成本过高，相对于整机换新没有明显优势。

使用寿命同理，需要对“不可修复的故障”和“不可接受的故障率”给出具体规定，这样在此基础上，我们才能对该产品的寿命做出有效的评估。

而平均寿命则相对比较简单，根据相关标准上的定义，平均寿命即指 MTBF，这个指标对应的就是浴盆曲线底部偶然失效期部分，比较好理解，同时也比较好获得，通过我们前期的可靠性预计即可得到。如果缺乏前期相关数据或客户给不出这些约束条件，我们则可以选用这个指标作为产品的寿命。

如上所述，具体该选择哪个寿命指标，还是要视具体的企业、具体的产品而定。可靠性工程师有责任去帮助客户，以及研发和市场人员理解这些指标，并在统一认识的基础上，定义和计算这些指标，以响应客户和市场的需求，同时避免产生歧义。

3.2.4 可靠性量化指标的分配

前面我们讲到，当我们拿到一个系统级的可靠性指标时，比如寿命、可用度、MTBF 等，为了能够使这个指标落地，就需要一层层地把它分解下去，变成一个个可实现、可验证的“小”指标，这样就形成一个可靠性指标体系，也就是我们所说的可靠性量化评价体系。

但这样的一个分解过程又有别于传统的可靠性指标分配，因为在可靠性专业书籍中介绍的可靠性分配方法更适用于结构相对简单，组成单元比较单一、同质化的系统，对于很多大型复杂的系统，则很难实施。而我们这里介绍的是一种基于工程经验的分解方法，我们暂且称之为“工程要素法”。

所谓的工程要素法，就是按照上述指标、要素、特性的层次一层层分解下去，直到这个特性的可靠性指标是可理解的、可实现的、可验证的为止，这样就形成了如图 3.5 所示的指标分配体系。

接下来，每一个要素的可靠性要进一步分解到特性，特性这个层面就要求必须具有可操作性，即前面讲到的：可理解、可实现、可验证。比如对于非计划性停机中的故障部分，我们可以分别对产品的硬件、软件等提出可靠性指标要求，如硬件基本的失效率、返修率、MTBF 等，冗余单元的倒换成功率、故障检测率等；而对于计划性停机，则有对热补丁率、软件升级中断时间的指标要求。

特性及其指标的确定有两个原则：

第一，要保障特性及其指标的可实现和可验证，就必须有相对应的可靠性保障活动。比如对于故障的检测、恢复类特性指标，我们可以通过 FMEA（Failure Mode and Effect Analysis，失效模式和效果分析）、FIT（Fault Injection Test，故障注入测试）等方法来分析、实现和验证，这样该特性指标就是可落地的。

第二，特性指标的确定需要基于标准、市场客户需求或业界最佳实践 （Best Practice）。只有确保底层每个特性指标均满足要求，才能确保顶层的可靠性指标具有领先性。

这样，按照前面讲的目标、要素、特性的结构层次对系统级的可靠性指标做了一个分解，结果就得到一个可靠性量化指标的分配体系结构。有了这个体系，在实际操作中，只需要关注底层各个特性指标的实现即可。如果我们能够通过不断的实践，确保可靠性量化体系的完整性和指标的先进性，那么顶层可靠性目标的实现也就是自然而然的事情，产品整体的可靠性也就有了全面的保障。

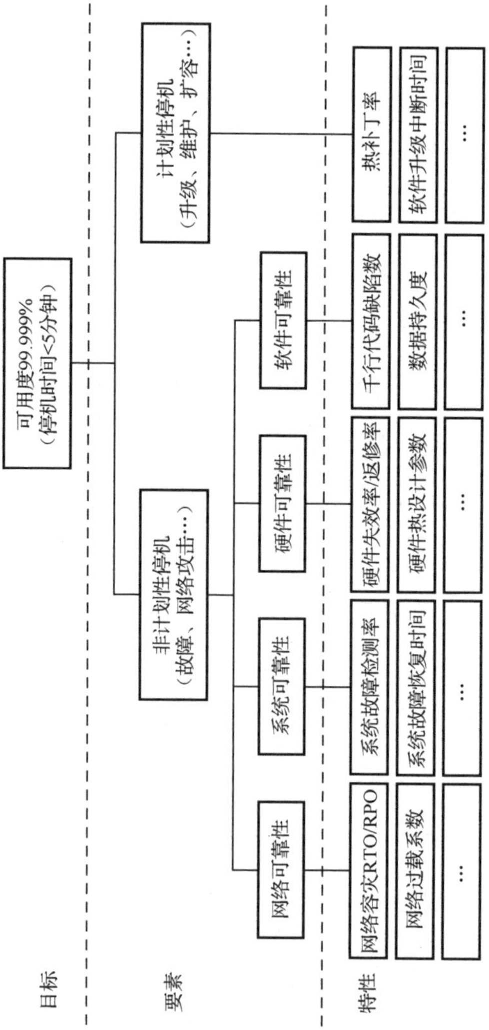

图 3.5 可靠性量化指标的分配体系

3.2.5　可靠性量化评估方法

当我们把产品的可靠性量化指标按照上述体系结构和方法分配给下面的每个可靠性特性后，接下来就是如何进行可靠性量化指标的评估（即可靠性量化评估）。按照所处的阶段不同，可靠性量化评估大致可分为三个阶段。

1．设计开发阶段

这个阶段属于产品研发的早期阶段，由于缺乏实际的运行数据，所以只能采用可靠性预计、分析、仿真等方法来评估产品的可靠性。

（1）可靠性预计。

前面我们已经提到，虽然可以通过精细的可靠性建模和收集企业的失效率数据来提高可靠性预计的准确度，但毕竟它只能是一种理论上的预测，在诸多可靠性评估方法中准确度应该是最低的，更多的是取其相对性用于不同设计方案的比较。

（2）可靠性分析。

诸如 FMEA、FTA 等方法，可以通过分析对故障的处理特性指标进行理论评估。例如，针对所有被分析到的故障模式，判断哪些是可以检测的，结合失效率等数据，即可得到系统的故障检测率指标；哪些是可以恢复的，则可以据此得到故障恢复率指标；等等。然而，这些方法和可靠性预计类似，都属于理论上的评估，准确度较低。

（3）可靠性仿真。

包括像蒙特卡罗仿真这样的技术，其优点是不需要建立解析模型，在基础输入数据准确的前提下，通过增加仿真次数可以得到相对准确的评估结果；缺点是对于大型复杂的系统的仿真存在一定的难度。

2. 测试验证阶段

这个阶段的可靠性评估主要有两类。

（1）可靠性测试。

可靠性测试包括故障注入测试（FIT）和其他异常情况测试等。这种测试的基本原理都是模拟某种故障场景，测试验证产品的健壮性。其中，FIT 可以看作此前 FMEA 的实操，FMEA 是假设某个故障模式发生，然后对其进行分析，而 FIT 则是实际模拟这种故障模式，通过测试验证产品的可靠性特性。所以二者的原理是一样的，只是 FIT 的结果肯定比 FMEA 的理论分析要更加准确。

（2）可靠性试验。

这里的可靠性试验通常是指可靠性统计试验。我们在前面的内容中已经讨论过这方面的问题。可靠性统计试验旨在评估传统可靠性指标，但由于受到诸多现实因素的限制，其实施会存在一些问题。而可靠性符合性试验则可以用于验证某些可靠性特性指标。

3. 运行使用阶段

这个阶段的可靠性评估就是利用 FRACAS 系统收集的失效数据进行可靠性统计评估。其优点和缺点都很明显，优点是在诸多可靠性评估方法里其准确度最高，最能反映产品实际的可靠性水平，缺点是过于滞后。

3.3　可靠性的基础能力

可靠性技术体系的第二部分是可靠性的基础能力，包括基本的方法、数据、文档等，可以说这是我们开展一切可靠性工作的基础。下面我们就来讨论可靠性的基础能力都包含哪些内容，以及企业如何去构建这些能力。

3.3.1　可靠性数据库

可靠性的基础数据是开展可靠性工作必不可少的，同时也是各项可靠性工作有效性的基本保障，企业应尽早构建，并不断优化这些数据。最基本的几个可靠性数据库包括可靠性需求库、可靠性设计准则库、失效率库、失效模式库等。

1．可靠性需求库

可靠性需求库是产品可靠性需求的输入。就像做产品一样，可靠性工作的开展也必须首先明确需求，它是指导后续所有可靠性活动的基础。换句话说，我们所做的所有可靠性活动都是为了满足最初所确定的这些可靠性需求。所以，可靠性需求一定要明确定义。那么如何在初期快速确定产品的可靠性需求呢？那就需要建立可靠性需求库。可靠性需求库建立好后，新产品“上马”时，就可以从这个库中调取适用的可靠性需求，所以说，可靠性需求库建立得好，将能够很好地支撑产品的可靠性设计工作。可靠性需求的来源如图 3.6 所示。

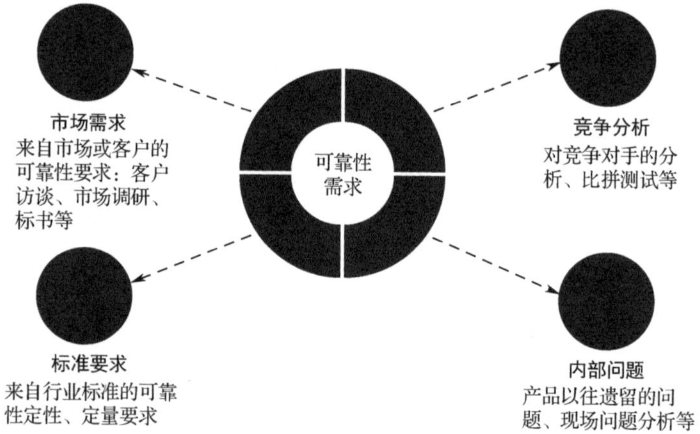

图 3.6　可靠性需求的来源

企业在构建自己的可靠性需求库时，可以从市场需求、竞争分析、标准要求和内部问题等方面来收集需求。收集来的需求也需要进行分析。对于已经有成熟可靠性技术和方案支撑的需求，可以直接纳入产品的可靠性需求库，作为新产品研发流程中的可靠性需求；而对于尚无法实现的需求，则需要成立相应的可靠性技术专项组，进行技术方案研究。这两种情况分别对应整个可靠性技术体系的流程活动和专项研究部分，本章后续还会有进一步的讨论。

另外，企业的可靠性需求库的构建还需要采用分层分级的方式（如图 3.7 所示），尤其是对于那些有很多产品类型或产品线的企业。在企业层面需要维护一个最高层的可靠性需求库，这个库里的需求是面向整个企业所有产品的基本可靠性需求，我们称之为可靠性需求基线，而各个产品线/BU（Business Unit，业务单元）在此基础上，结合自身产品线/BU 的特点，定制各自的可靠性需求基线库。在开发具体产品时，从产品线/BU 的需求基线库中选择适合的需求，再将其逐层分解，直至达到可实现、可验证的程度。

图 3.7　可靠性需求的分层分级架构

2. 可靠性设计准则库

所谓的可靠性设计准则，就是众多的可靠性设计经验，简单举两个例子：硬件热设计准则，即晶振、内存、CPU 等热敏感器件应远离高温发热器件；软件编码规范准则，即尽量减少循环嵌套层次。

设计准则是避免犯同样错误的有效手段。特别是对很多年轻的产品工程师来说，设计准则可以很大程度上弥补他们经验上的不足。

这些可靠性设计准则通常来自两个方面（见图 3.8）：一是行业现有的设计准则，在相关的可靠性标准、规范、材料中都可以找到很多这方面的内容，其中很多都属于比较基础的、通用的准则，可直接采用；二是自己产品实际使用过程中的现场问题分析总结，这部分的信息收集则很大程度上依赖于我们的故障报告、分析和纠正措施系统（Failure Report Analysis and Corrective Action System，FRACAS），关于该系统，本章后续还会进一步介绍。

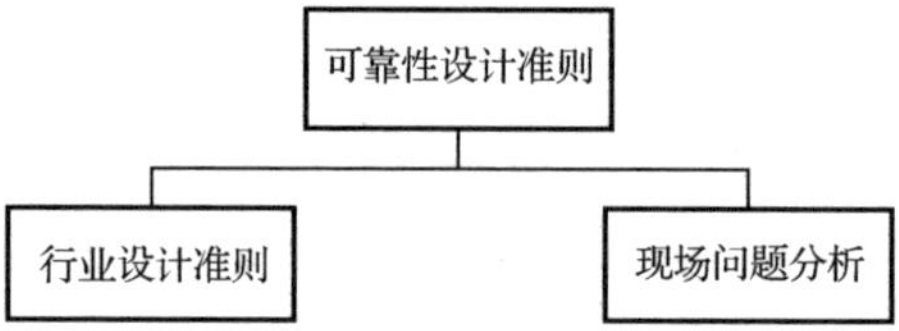

图 3.8　可靠性设计准则的来源

通常看到的可靠性设计准则，即上面提到的行业现有的可靠性设计准则，大部分是按照可靠性的技术维度来分类的，比如简化设计、冗余设计、耐环境设计、热设计、降额设计、电磁兼容设计等。这种分类方式对于可靠性专业来说非常适合，比如可靠性业务部门就是按照这样的维度来分工的，那么各个分工领域就可以分别去整理各自领域的可靠性设计准则，然后将其汇总成一个总的可靠性设计准则库。为了使可靠性设计准则更贴近产品，更易于被理解和应用，还需要从产品架构的维度来考虑设计准则的构建。

所谓的产品架构就是指产品的典型组成单元或模块，比如一个电子产品，通常包括控制模块、信息处理模块、接口模块、电源模块、散热模块等。尤其是对于产品相对单一的企业或企业内某一个产品类型来说，这些典型的组成模块相对固定，那么就可以针对这些典型组成模块来梳理可靠性设计准则。如果把产品维度和可靠性维度都考虑进来，就形成了如图 3.9 所示的可靠性设计准则矩阵。

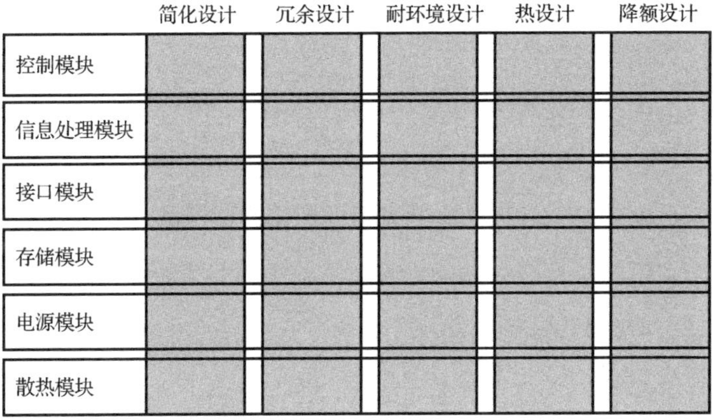

图 3.9　可靠性设计准则矩阵

增加了产品的维度将使我们的可靠性设计准则更便于开发人员应用。比如某个产品的开发团队在设计产品的存储单元时，从图 3.9 中的可靠性设计准则矩阵中就可以很方便地了解设计该存储单元都需要关注哪些可靠性方面的问题，遵从哪些设计准则。如果在实际操作中，再辅以相应的指导书、培训材料、checklist 等，就更有利于设计准则的落地。

3．失效率库

前面介绍可靠性量化评价体系的内容中我们已经讲过，失效率数据是可靠性预计等量化工作的基础。企业在刚刚开始推行可靠性量化工作时，由于缺乏自己的数据，往往都是先采用业内现有的失效率数据，这种数据通常有两个来源：

- 可靠性预计标准/手册中的数据，如 MIL-HDBK-217、Telcordia SR-332 等；
- 厂家提供的数据（可通过器件厂家网站或器件手册获得）。

了解可靠性预计方法的读者应该都知道，失效率分为基本失效率和使用失效率两种，可靠性预计方法也分为计数法和应力法两种。基本失效率是指元器件在未应用到具体的电路上之前其本身的失效率，而元器件在电路实际使用过程中所表现出的失效率则为使用失效率。在预计方法中，使用失效率是用基本失效率乘上一系列的修正因子（主要是电应力因子和环境应力因子）得到的，即所谓的应力法预计。从理论上来说，应力法是非常科学的，因为电子元器件的使用失效率必然受其所处环境和电子因素影响。但在实际应用中，这种可靠性预计方法的可操作性却很差，尤其是在产品开发的早期阶段，针对元器件众多的复杂电子设备，要想获得各项电应力和环境应力参数实在是一个极其繁重的、甚至是无法完成的工作。因此在工程实践中，看似简单的计数法倒成了比较现实的选择。采用计数法，就需要元器件实际的使用失效率，而这是前文中所述两个来源都无法提供的。换句话说，上述两个来源的失效率数据都不能直接用于企业的可靠性量化评估工作。

除了“不接地气”之外，导致上述两个来源的失效率数据不适用可靠性量化评估工作的另一个原因是相关标准、手册的滞后问题。这些标准、手册很长时间都没有更新（尤其是其中的失效率数据），而现代电子元器件的技术和工艺水平则在日新月异地发展，因此其中的失效率数据已不能很好地反映当前电子元器件的真实情况。随着企业可靠性工作的深入开展，有必要建立自己的失效率数据库，这样才能为各项可靠性工作提供更有力的支撑。

构建自己的失效率数据库更多的是管理问题，而不是技术问题。对于器件厂家，可以通过加速寿命试验来获得失效率数据；而对于整机设备商，由于很难拿出足够多的样本量等现实问题，无法采取这种方式获得失效率数据，只能通过收集现场使用数据来统计失效率数据。其中的统计方法在我们很多基础的可靠性书籍中都有介绍，这并不是难点，难点主要来自于以下两方面：

- 多部门的协调；
- IT 系统的“拉通”。

我们首先需要选定某一个统计周期和统计对象，然后对该统计周期内的统计对象做全程故障追踪。追踪内容包括统计周期内统计对象的发货时间和发货量，其中有多少在统计周期内发生了故障，而又有多少是由于元器件失效导致的。而这一过程，在企业内部通常涉及多个部门，可能包括市场销售部门、售后服务部门、内部维修部门、器件部门、可靠性部门等。而所需的数据又可能分布于多个内部 IT 系统，尤其是售后服务的故障维修记录，是所有失效数据的最初来源，必须要保证该项数据记录的规范化和完整性。

如果一个企业由于数据量比较少，IT 系统不够完善，或者其他原因导致无法自行完成失效率数据的收集，则可以利用第三方机构来完成这一任务。这种第三方机构类似于行业协会，其有很多合作的会员企业，通过某种规则采集会员企业的产品失效率数据，再对这些数据进行整理、统计，并最终发布，提供给会员企业乃至整个行业使用。其实上面提到的很多标准、手册的发布也类似于这种形式。

4. 失效模式库

失效模式是很多可靠性分析和测试工作开展的基础，比如FMEA、FTA、FIT 等。失效模式数据的获取方式也同失效率类似，这里就不再赘述了。下面主要谈谈失效模式的层次问题。

失效率的层次比较单一，主要集中在元器件级，同时包括一些功能模块，如电源模块。但失效模式的种类和层次则要复杂得多，在收集失效模式数据和构建失效模式库时，具体应做到哪个层次呢？

其实这个问题也没有一定之规，可靠性基础数据是为可靠性活动服务的。以 FMEA 为例，理论上 FMEA 开展到哪个层次，失效模式就应该深入到哪个层次，而通常 FMEA 在产品研制的不同阶段，针对不同的产品有不同的类型：

- 架构设计阶段，网络级、系统级 FMEA；
- 详细设计阶段，器件级 FMEA 和软件 FMEA；
- 生产制造阶段，工艺过程 FMEA/PFMEA。

而从 FMEA 的基础理论中可以知道，FMEA 的做法分两种：功能法和硬件法。功能法即从分析对象所要完成的功能入手，将该功能的丧失作为失效模式加以分析。比如一个用于存储业务数据的存储器，其功能的关键词就是“存储”，用功能法分析时可以将其故障模式设定为“存储功能丧失”和“存储功能下降”，前者对应所存储的数据完全丧失，后者表示存储的部分数据丢失或出错的情况。功能法几乎适用于所有阶段、所有类型的 FMEA 分析，其缺点就是没有硬件法精细。而硬件法顾名思义就是从物理硬件故障的角度来定义失效模式，我们通常在元器件中见到的开路、短路、接触不良等失效模式，都属于硬件法的范畴。硬件法更多地适用于底层的硬件，包括电子元器件和机械部件的 FMEA 分析。

软件的 FMEA 情况又不同，软件 FMEA 目前比较多的做法有两种，一种以功能模块为对象，另一种以软件处理流程为对象，二者都偏向于功能法的分析。

网络级 FMEA 分析以网元和链路为对象，PFMEA 的分析对象是工艺过程，也都偏向于采用功能法分析。

总之，FMEA 有不同的层次和类型，其所需的失效模式也各有不同，因此，在考虑构建失效模式库时，应结合所要开展的 FMEA 类别来定。同样的，可靠性测试也一样，因此失效模式库往往并非单一层次，而是会形成一个多层次的架构，而这个架构层次需要结合具体开展的可靠性活动来确定。

3.3.2　可靠性文档、技术、工具

可靠性文档包括企业内部的可靠性标准、规范、指导书、培训教材、checklist 等。企业应该建立一个内部的可靠性专业网站或论坛，集中存放这些文档，以供需要的人随时查阅。尤其是与可靠性流程活动相关的文档，因为流程中的很多可靠性活动是由开发、测试等人员来完成的，这就需要开发、测试人员掌握基本的可靠性概念、技术方法。一方面需要通过培训来完成，另外还必须为他们提供必要的指导书、规范，告诉开发、测试人员每项活动如何开展。对于流程的审核人员，还要为他们提供可靠性流程活动的审查规范和checklist，从而确保可靠性流程活动的顺利开展。

企业的可靠性部门必须随时跟踪业界可靠性技术的最新发展，比如确信可靠性理论，新的可靠性建模、设计、测试、试验方法等。保持开放的姿态，始终秉持“请进来，走出去”的原则，这样才能时刻保持企业的可靠性技术处于业界领先地位，更好地为产品服务。

可靠性工具是指支撑可靠性各项活动所需的可靠性专业软件、测试工具/平台等。所谓“工欲善其事，必先利其器”，好的工具将可以为可靠性工作开展提供便利。尤其是那些纳入研发流程的可靠性工作，我们一直强调这些活动的开展应尽可能做到“轻量化”，不要

给研发部门带来过多的负担。好的工具则是实现轻量化的有效手段，比如可靠性预计软件、FMEA 分析软件、各种电路可靠性/热设计软件等。现在市场上也有很多类型的软件工具可用，但其中关键点是这些软件如何与企业现有的研发、测试软件和环境适配；以及相关的接口问题，包括基础数据和信息（如失效率和失效模式等）如何调用等。

这一节我们探讨了可靠性基础工作的开展问题。可靠性基础工作琐碎而繁重，需要企业不断投入研究和积累经验。可靠性基础工作是开展可靠性工作所必需的条件和必备的基础，它决定了企业可靠性工作的有效性和长远发展。有时候企业的可靠性工作开展效果不佳，其实可能就与基础工作没有做好相关。比如可靠性定量评估工作，如果缺乏基础的失效率积累和适用的模型研究，评估结果就不可能准确；而如果没有能够准确反映产品实际的失效模式及原因，FMEA 也就成了无本之木；如果不进行产品可靠性设计分析和失效机理分析，随便拿个可靠性试验标准套用在产品上，很可能其试验条件不能有效激发故障的发生，结果投入了很多时间和成本却没有收到应有的效果。尤其是可靠性流程活动，更离不开这些基础工作。在产品研发流程的早期阶段，需要开发人员进行可靠性需求分析时，如果没有产品适用的可靠性需求库，那么这项工作很可能就落了空。包括后续一系列的可靠性设计、分析、测试工作，都必须有基础工作的支撑才能有效完成。

所以说，“罗马非一日建成”，如果希望把企业的可靠性工作做好，把产品的可靠性做好，就必须首先扎扎实实地把可靠性基础工作做好。

3.4　可靠性流程活动

3.4.1　构建可靠性流程的意义

企业在推行可靠性工作的过程中，面临的一个最大的问题就是如何使可靠性工作真正融入到产品中去，从而取得应有的效果。

理论上讲，可靠性工作从来不是一个独立于产品研制之外的活动，而应该是研发过程的一部分。系统、硬件、软件的研发人员在设计产品的同时，就应该把可靠性这个属性设计进去，这是需要同时进行的工作，而责任主体也只有一个，即研发人员。而后续的测试、生产制造环节也是一样。当然这是一种比较理想的状态，虽然有些企业已经或接近达到这个状态，但大多数企业还有很大差距。要达到这种理想状态，对研发人员的能力有非常高的要求。而现实状况却是很多企业的研发人员大都比较年轻，缺乏丰富的工程经验，也没有经过系统的可靠性培训。这种情况下，可靠性工作的流程化可以发挥巨大的作用，它可以辅助我们的研发人员完成高质量的设计。

可靠性工作的流程化实际上就是把研制一个产品所需的各种可靠性方法、经验、信息等，以流程的形式固化下来，并融入到产品的研发流程中。这样即使是初出茅庐的研发人员，只要按照可靠性流程一步步去做，也能完成一个高质量、高可靠的设计，这就是构建可靠性流程的最大价值。

可靠性流程建立起来之后，可靠性工作中的各项活动就变成了产品研发过程中的“例行工作”，而流程中的这些可靠性工作的责任主体也从专业的可靠性工程师变成了研发人员，专业的可靠性工程师则可以有更多的时间和精力投入到可靠性新人员、新领域的研究上，这样才能在保证企业产品可靠性的基础上，不断引领和推动企业的可靠性能力提升。

3.4.2 构建可靠性流程的时机

在企业中构建可靠性流程，需要具备一些先决条件，我们将其分为两大类，分别称外力和内力。只有具备了这两方面的条件，可靠性流程才能顺利搭建并运作起来。

内力就是可靠性工程师对各种可靠性技术的掌握程度，以及可靠性基础能力建设的程度，也就是我们前面介绍的可靠性技术体系中“基础能力”的部分。当把可靠性活动纳入研发流程中时，必须要确保这些活动是可操作的、有效的，而且还必须是“轻量化”的。尤其是当我们把可靠性工作的这些流程活动从可靠性工程师转嫁给研发人员来完成时，必须事先完成好赋能工作。

可靠性的方法很多，但并不是所有的方法都适用于你的产品，这需要通过不断的实践加以摸索。弄清楚哪些方法有效、如何应用才能有效，然后我们才能把这些方法，以及这些方法的用法落到流程里去。还有就是我们的基础支撑工作，包括各种数据库、规范、工具等，这些都是我们开展各项可靠性流程活动不可或缺的。这些都是可靠性工程师需要修炼的“内力”。

那么外力指什么呢？外力指的是整个企业的大环境，包括领导的重视程度，研发体系对可靠性工作的理解和支持力度，以及企业现有的研发流程运作情况等。其实不仅是可靠性工作的流程化这一个事情，整个可靠性工作在企业的落地都需要来自企业领导层的坚定支持。可靠性工程师一定要深入到产品中去，只有自身懂产品的研发，才能知道如何把可靠性工作融入到研发中去，只有这样才能为可靠性流程的构建创造良好的外部环境。

3.4.3 可靠性流程活动的责任分工

完成了可靠性流程的构建之后，流程的执行主体就由可靠性工程师转移到研发人员身上。因为前面已经讲过，可靠性设计实际上是和产品设计同时进行的，要求研发人员在完成产品设计的同时，完成相应的可靠性设计分析工作。当然，以上所说的可靠性流程的责任主体是研发人员，这是从总体上而言的，具体到每一个流程活动，可能会略有不同，下面就具体的人员职责做一个简述。

（1）产品可靠性（SE）。

通常针对每一个产品都会设立一名可靠性系统工程师（Reliability System Engineer，RSE），RSE 的主要职责包括：

- 对所在产品整体的可靠性工作负责；
- 在 IPD 中，作为产品开发团队（Product Development Team，PDT）中可靠性工作的代表，参与产品的整个研发过程；
- 承担部分可靠性流程工作，如可靠性需求的确定与分析，协助架构师完成系统级可靠性的设计与分析，参与 IPD 每个 TR 点可靠性相关部分的评审，对生命周期阶段产品运行的可靠性问题进行收集分析等。

（2）产品开发人员。

- 完成产品概要设计、详细设计中规定的可靠性流程活动，如可靠性预计、FMEA 等；
- 参与可靠性的相关评审；
- 负责所开发单元的可靠性需求的落地。

（3）产品测试人员。

参与可靠性的相关评审，如需求评审、FMEA 评审等，从中确定可靠性的测试需求，并据此制订测试计划和测试用例，完成相应的可靠性测试。

（4）产品质量保证人员（QA）。

负责 IPD 流程各阶段可靠性活动的审查，确保可靠性流程活动保质保量完成。

3.4.4 可靠性活动如何纳入研发流程——以 FMEA 为例

FMEA 是一项非常基础的可靠性分析技术，其特点就是全面性和系统性，适应产品和场景多样，在工程实践中非常有效。

1. FMEA 纳入研发流程的前提条件

如上所述，每一项可靠性活动要想纳入研发流程，一个最重要的前提条件就是该技术方法的有效性，即首先要确保这个流程活动对提升产品的可靠性是有效的。对于 FMEA 而言，在完成该分析后，在设计、测试、生产、使用维护等多个环节要有能够落地的改进措施。确保其有效性需要从两方面考虑：一是 FMEA 所需的基础输入是否准确、全面，主要是指失效模式和失效率数据；二是是否已经结合产品，掌握了 FMEA 的有效做法。

另外就是 FMEA 纳入流程需要具备的一些可靠性文档，包括 FMEA 指导书、规范、培训材料、表格、报告模板、用于检查其完成度的 checklist 等。如需要还包括 FMEA 的软件工具。

2. 如何确保 FMEA 做出实效

关于失效模式和失效率数据，在可靠性技术体系的基础工作部分有更为详细的介绍，这里不再赘述。那么如何确保 FMEA 结合产品做出效果呢？如上所述，FMEA 是否有效关键看措施，即针对每一种可能发生的失效模式，我们如何采取有效的措施来应对。而采取何种类型的措施也需要结合产品特点来确定。

FMEA 的预防和改进措施大致可以分为两类，避错和容错：

- 避错：即通过各种设计、测试、试验等手段，避免该种失效模式的发生；
- 容错：当该种失效模式的发生无法避免时（或避错成本过高），

则通过故障管理手段实现容错，最大限度地降低对系统功能、业务的影响。

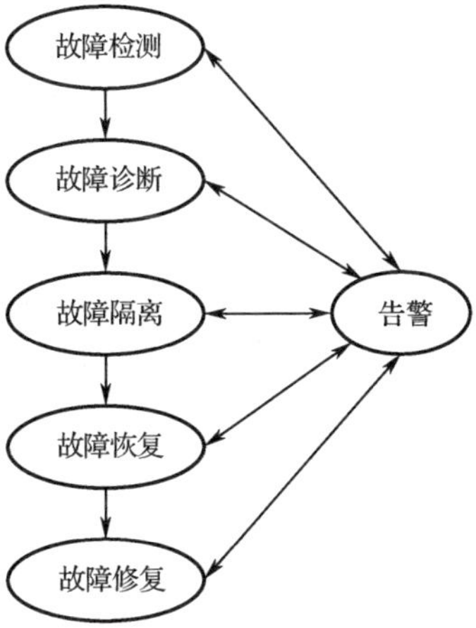

图 3.10　故障管理概念

从避错方面考虑采取措施当然是首选，理论上来讲，如果一个产品所有的失效模式都能避免，那么这个产品就是完美可靠的。当然这也是不现实的，也是违背可靠性的基本定律的。尤其是当其他的可靠性方法都已经在例行采用时，如降额、容差分析、热设计等，避错的空间实际上已经非常小。另外避错的实现往往意味着更高的成本，如选用更高等级的元器件、进行更多的测试和试验等。所以这时候，容错反而成为了更好的选择。

容错的基本思想就是，认为底层的故障是常态（而往往实际上也是如此），不去过多地纠结如何避免这些故障，而是去考虑当这些故障发生时，如何快速检测、诊断、隔离、恢复、修复，即利用故障管理手段避免或减少对系统整体功能和业务造成影响。尤其是对于那些采用了大量冗余设计的产品，如通信网络设备、数据中心和云平台等，确保在故障发生时，冗余设计可以发挥作用，实现快速的故障恢复。这样就可以确保整个系统、网络、业务的连续性。

当我们结合产品的特点进行大量的冗余设计，把 FMEA 的分析重心从避错转移到容错上，FMEA 就可以通过提升系统的故障管理能力，实现故障的快速恢复，避免对业务产生影响，从而发挥巨大的作用。

另外，确保 FMEA 有效开展，还需要对 FMEA 的每个步骤、每一项工作内容提出明确的要求，诸如：

- 对分析对象的要求，如元器件/部件过多，可以规定哪些元器件/部件是必分析项；
- 失效模式是否来源于企业的失效模式库，是否齐全；
- 失效原因是否已经分析到足以采取措施的程度；
- 失效影响是否包含了与自身有交互的其他单元、系统；
- 严酷度等级为Ⅰ、Ⅱ类（单点故障）的，是否都有相应的预防和改进措施使其等级下降到Ⅲ级及以下（不允许存在单点故障）；

- 故障管理措施是否以设计、测试需求的形式加以明确，并落实到具体的责任人；
- 等等。

以上这些要求不仅需要明确，而且要形成 checklist，供 FMEA 分析人员和研发人员以及负责流程活动审核把关的 QA 使用。

3. FMEA 应落入研发流程的哪个阶段

前面讲到，FMEA 是一种适用性非常广的可靠性技术方法，在研发流程的多个阶段，以及不同类型的产品上都可应用。从研发流程角度：

- 架构设计阶段——应用系统级 FMEA；
- 详细设计阶段——应用器件级 FMEA 和软件 FMEA；
- 生产制造阶段——应用工艺过程 FMEA（PFMEA）。

不同类型的 FMEA，在流程中的责任分工也不同：

- 架构设计阶段——系统级 FMEA，责任主体为该产品可靠性系统工程师；
- 详细设计阶段——器件级 FMEA 和软件 FMEA，责任主体分别为硬件和软件研发人员；
- 生产制造阶段——工艺过程 FMEA（PFMEA），责任主体为工艺可靠性工程师。

注意，以上所列仅为责任主体，即第一责任人，具体来说就是负责填FMEA表格的人，实际上，FMEA是一个团队活动，表格初步填写完成后，后面还需要组织所有相关的人员一起讨论评审。我们这里以硬件的器件级FMEA为例，该硬件的开发人员作为第一责任人，需要首先完成FMEA表格的初步填写，当然在填写的过程中，他也需要与相关的人员进行讨论，因为毕竟作为系统中硬件单元的研发人员，对整个系统及其他部分的了解非常有限。表格初步填写完成后，该研发人员即可发起讨论评审，参与讨论评审的人员可能包括：

（1）产品可靠性系统工程师。

从系统的层面对底层故障及其处理方式给出意见。与该硬件有交互的其他部分的研发人员，包括其他硬件和软件研发人员。因为很多故障是需要其他硬件或软件来检测和处理的。

（2）测试人员。

FMEA 的分析结果以及改进措施需要通过测试验证其准确性和有效性。

（3）运行维护人员（可选）。

如涉及现场运行维护措施的，可参与。

（4）产品QA。

从流程的角度，对活动的完成程度进行审查。

3.4.5　关键可靠性流程活动

下面以集成产品开发（Integrated Product Development，IPD）为例简单介绍研发流程各阶段的可靠性活动，并结合能力成熟度模型集成（Capability Maturity Model Integration，CMMI）阐述软件可靠性流程活动。由于不同行业、企业和产品的差异，可靠性流程活动的设置需要结合实际去综合考虑，所以这里仅是举例说明基本的原则。

1. IPD 概念阶段——可靠性需求分析

（1）活动内容。

IPD 概念阶段与可靠性强相关的工作是确定产品需求。在前面的基础工作讲解中我们已经介绍过可靠性需求库的建设问题，那里介绍的可靠性需求库实际上应该是企业级的需求基线库，即面向企业内所有类型产品的共性的可靠性需求。它应该是每个产品在开发时确定可靠性需求的主要依据和输入，但不是唯一的来源。

（2）职责分工。

【建议责任主体】产品可靠性工程师，基于企业可靠性需求库及其他需求来源，确定该产品的可靠性需求，并组织完成可靠性需求的评审。

【建议参与人员】产品经理、产品 SE（System Engineer，系统工程师），以及其他与可靠性相关的各产品开发、测试和业务领域（如器件、工艺、采购等）工程师，参与可靠性需求的评审，从各自产品、业务领域角度对可靠性需求的适用性、正确性和完整性做出评估。

【建议审核人员】产品 QA（产品质量保证人员），作为流程活动的监控人员，负责监督可靠性需求的分析工作是否按要求完成，并对整个过程做好记录和跟踪。

（3）输入/输出。

【输入】

- 企业可靠性需求库；
- 其他可靠性需求源，如行业标准、市场/客户需求、竞争分析等。

【输出】

- 产品需求和设计需求中的可靠性需求。

2. IPD 计划阶段——可靠性需求的分解分配

（1）活动内容。

按照开发流程的步骤，计划阶段主要完成两项工作：一是需求的分解分配，即完成从客户需求，到功能需求、技术需求的映射，形成整个系统的规格定义；二是根据规格定义完成系统/架构设计，包括各子系统、模块，以及相应硬件单板、软件模块及工艺结构的总体方案设计。

在此阶段的可靠性工作也包括两项：一是可靠性的需求分解分配；二是系统/架构的可靠性设计。

可靠性需求的分解分配在前面已经介绍过，这里要特别强调的一点是，在进行产品总体方案设计时，需要把那些对产品架构有特别要求的可靠性需求识别出来，并落实到架构设计中去，这也是架构/系统可靠性设计的一个重要组成部分。比如，某些可靠性特性要求产品必须支持某种特定的冗余方式才能实现，某些可靠性信息的采集要求产品设计时必须预留相应的接口；等等。因为产品的总体框架一旦确定就很难更改（更改架构基本等同于重新设计一个产品），所以必须对架构的可靠性进行充分的考虑和论证。

可靠性需求的分解分配还应该注意一点，即需求的可实现、可验证原则。这一点在之前介绍的可靠性量化评价体系中也有提及。因此，在开展可靠性需求的分解分配过程中，要求可靠性工程师必须与产品开发和各业务领域的工程师紧密配合。在把一个大的需求逐步分解到底层的功能模块、单元、特性，乃至具体的硬件、软件、整机、配电、工艺等的设计需求时，需要与相关领域工程师充分沟通，确保其可落地，并可在后续的测试等环节进行验证，以实现需求的闭环管理。最后，为确保需求的最终落地，还必须明确每一条需求的责任人。这样的一个过程如图 3.11 所示：

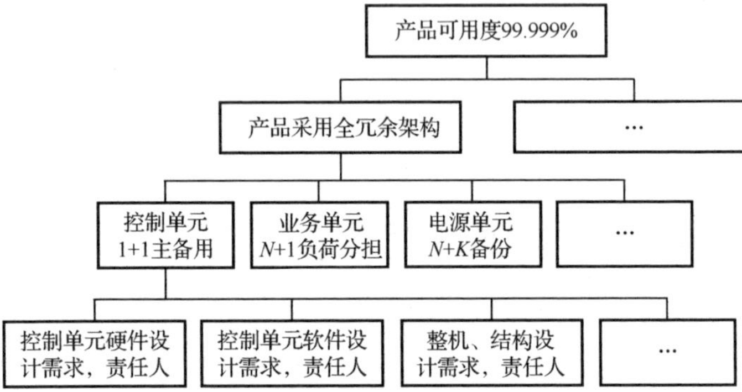

图 3.11　可靠性需求的分解分配示意图

比如，对于产品的可用度要求达到 5 个“9”这样的一个可靠性需求，为了实现它，我们决定采用全冗余的系统架构形式，这个需求首先被映射到系统的各个功能模块，每个功能模块拿到这样的需求后，需要结合自身的功能和业务特点确定对应的实现方案。比如控制单元认为采用 1+1 的主备用冗余形式即可满足其可靠性要求；而业务单元为了充分利用资源，在确保业务连续性的前提下选用了 N+1 负荷分担的冗余形式；而电源部分则由于供电的重要性，以及电源模块失效率较高的特点，决定采用 N+K 的备份方式；等等。在冗余方式确定了以后，每个功能模块需要把相应的设计需求进一步分配给各自的软硬件、整机结构、电源等模块，并明确责任人。由此可见，可靠性需求的分解分配过程实际上也是可靠性设计的过程。

（2）职责分工。

【建议责任主体】产品可靠性工程师，基于在概念阶段确定的产品可靠性需求和产品总体架构，完成可靠性需求的分解分配。

【建议参与人员】产品经理、产品 SE，以及其他与可靠性相关的各产品研发、测试和业务领域（如器件、工艺、采购等）工程师。从各自产品、业务领域角度对分解分配后的可靠性需求做出评估，包括其必要性和可实现性等；

【建议审核人员】产品 QA，作为流程活动的监控人员，负责监督可靠性需求的分解分配工作完成状况，并对整个过程做好记录和跟踪。

（3）输入/输出。

【输入】

- 概念阶段确定的产品可靠性需求；
- 产品总体架构。

【输出】

- 产品软硬件各单元和各业务领域的可靠性需求。

3. IPD 计划阶段——架构/系统可靠性设计

（1）活动内容。

计划阶段要完成的另一项重要活动是架构/系统可靠性设计，也称为系统的总体方案可靠性设计。这个阶段是整个系统可靠性工作非常关键的基础阶段，架构设计对整个系统的成功至关重要，而这部分设计通常又难以更改，所以必须从一开始即关注其可靠性设计，确保产品的总体架构是稳定可靠的。

该活动包含的可靠性工作任务较多，包括以下内容：

第一，应用场景分析。

应用场景分析，主要指产品可能的使用环境和使用方式，这些将对产品的可靠性和可维护性等具有直接影响，需要我们从一开始就加以详细的分析考虑。比如我们设计一个通信设备，首先需要明确该通信设备：

- 应用于哪种类型的通信网络中（无线、有线）；
- 需要支持哪些类型的业务或应用场景（语音、视频、车联网等）；
- 处于通信网络的哪个层次（核心、汇聚、接入）；
- 使用环境（温湿度可控的中央机房还是无人值守的室外露天机房）；

……

而对于直接面向用户的消费类产品还必须分析用户的使用方式和习惯。应用场景分析将是所有可靠性工作的一个重要前提条件，我们可以从中提取出更加贴近实际的可靠性需求，同时为可靠性设计/分析、测试/试验提供基础的依据和输入。

第二，功能模块的可靠性设计。

架构设计的两大要素就是模块和接口，因此架构可靠性设计的重点也应该是各功能模块的可靠性设计。为此，我们之前在基础工作当中介绍的可靠性设计准则/指导书将发挥重要作用。矩阵形式的可靠性设计准则实际上就是按照典型的功能模块维度划分的，其中详述了针对每种典型的功能模块，其可靠性特点是什么，有哪些必须遵循的可靠性设计准则。说白了，就是以设计准则的形式告诉架构设计工程师或每个模块的研发人员，这个模块应该如何去做才能可靠。准则是一条条的设计要求，而指导书则是与准则相对应的更为详细的说明类文档，它详述了每条设计准则的来龙去脉，以及具体应如何去实现。典型功能模块的可靠性设计如图 3.12 所示。

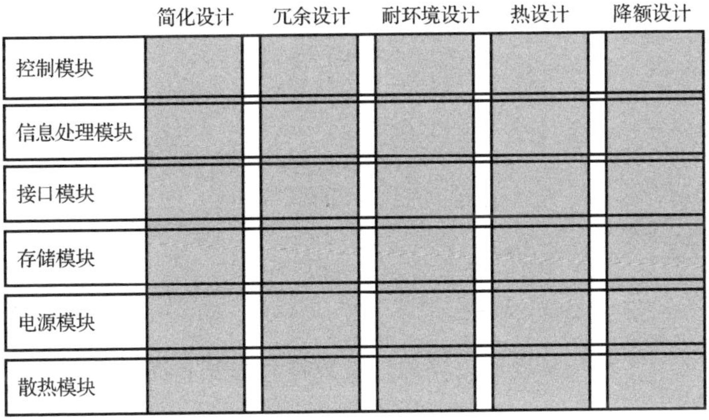

图 3.12　典型功能模块的可靠性设计

第三，可靠性指标论证。

这里的可靠性指标论证的目的有两个。

一是粗略评估系统可靠性目标达成程度。

当组成系统的各功能模块基本确定，各功能模块的可靠性设计也基本完成时，就可以采用可靠性建模和经验数据对各模块和整个系统的可靠性做一个粗略的评估，看评估值与当初确定的可靠性目标需求是否存在较大差距，从而确定是否需要对架构的可靠性做进一步调整。

二是对不同的设计方案进行比较。

产品在做总体方案设计时，往往会有多个备选方案，因此存在多个设计方案选择的问题，这时候可靠性就是方案选择中一个重要的考虑因素。而定性的可靠性比较往往是不够的，必须要有具体量化的指标，才能进行综合权衡。比如方案 A 的可靠性虽然略高于方案 B，但方案 B 却具有巨大的成本、性能等方面的优势，这样综合权衡下来，方案 A 未必是一个更好的选择。

第四，系统级 FMEA。

系统级 FMEA 的分析对象主要是各功能模块以及它们之间的接口。了解了在每个模块、接口发生故障的情况下整个系统的状态，就可以有针对性地采取可靠性保护措施。通过系统级 FMEA 可以明确系统的冗余设计和故障管理（故障检测、诊断、恢复等）设计的需求，以便尽早加以规划实现。

（2）职责分工。

【建议责任主体】产品可靠性工程师，基于产品总体架构或方案，以及企业内部相关架构可靠性设计规范和指导书，完成架构/系统可靠性设计工作。

【建议参与人员】产品 SE、软硬件架构设计工程师，各相关业务领域工程师。配合产品可靠性工程师完成架构/系统可靠性设计中的相关工作，并负责落实架构/系统可靠性设计活动所产生的可靠性需求。

【建议审核人员】产品 QA，作为流程活动的监控人员，负责监督架构/系统可靠性设计工作完成状况，并对整个过程做好记录和跟踪。

（3）输入/输出。

【输入】

- 概念阶段确定的产品可靠性需求；
- 产品总体架构。

【输出】

- 《架构/系统可靠性设计报告》；
- 产品软硬件各单元和各业务领域的可靠性需求。

4. IPD开发阶段——详细可靠性设计

（1）活动内容。

这个阶段将要完成产品底层的设计，各功能模块将进一步完成单板硬件的器件选型、电路设计等。同时该阶段还对应软件的CMMI流程，意味着这一阶段也是软件可靠性的主要开展阶段，可谓任务繁重。

这个阶段可靠性工作的另外一个特点是，产品软硬件的开发人员将更多地参与完成可靠性的诸多设计分析工作，比如单板详细可靠性预计、器件级FMEA等，这些都是单板硬件开发人员负责完成的。

IPD开发阶段可能包括的可靠性流程活动：

- 单板硬件详细可靠性预计；
- 器件级FMEA；
- 降额设计；
- 电路容差分析/ 最坏情况电路分析；
- 热设计/热分析；

……

对于软件部分，无论是将其集成到IPD研发流程中，还是作为单独的一个纯软件产品研发流程，其可靠性工作开展的思路与系统、硬件其实是一样的。在图3.11的IPD-CMMI一体化研发流程中也可以看到 IPD 与 CMMI 各阶段点的对应关系。比如在 CMMI 的 SRS 阶段，也需要完成软件的可靠性需求分析；到了 HLD 阶段则要关注软件架构可靠性设计；LLD 和 CODE 阶段则要依据编码规范等完成底层代码的可靠性设计与分析工作，包括 SW_FMEA（软件 FMEA）；到了测试阶段又有专门针对软件的可靠性测试工作。把软件可靠性方法融入到软件研发流程的各个阶段，通过可靠的流程产生可靠的软件产品，这一点与系统、硬件的思路是完全一致的。

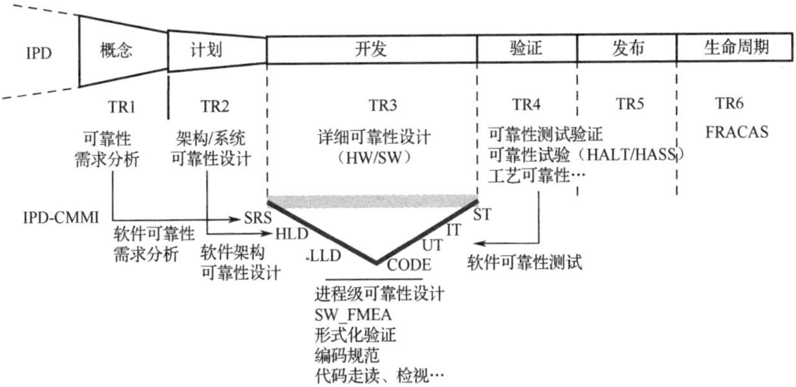

图 3.13 IPD-CMMI 一体化研发流程

当然，同系统、硬件一样，要保障软件的可靠性，只有流程是不够的，这个问题我们将在后续的章节进一步讨论。

（2）职责分工。

【建议责任主体】产品软硬件开发工程师，按照可靠性流程要求，以及企业内部相关可靠性设计规范和指导书，完成软硬件详细可靠性设计工作，并负责落实详细可靠性设计各项活动所产生的可靠性需求。

【建议参与人员】产品可靠性工程师、各相关业务领域工程师。指导产品开发工程师完成相关软硬件单元的详细可靠性设计工作。

【建议审核人员】产品 QA，作为流程活动的监控人员，负责监督详细可靠性设计工作完成状况，并对整个过程做好记录和跟踪。

（3）输入/输出。

【输入】

- 软硬件详细设计方案。

【输出】

- 软硬件可靠性设计分析报告。
- 产品软硬件各单元和各业务领域的可靠性需求。

4．IPD 验证阶段——可靠性测试与试验

（1）活动内容。

新开发的产品，在设计完成和批生产之前，为了对产品做全方位的验证，通常都会有一个小样本试制阶段，即新产品导入（New Product Introduction，NPI）。这个阶段也是可靠性测试和试验验证的重要阶段。

可靠性的测试和试验虽然在英文上都称为 test，但实际上它们是两种不同类型的活动。可靠性测试更贴近产品的功能测试，甚至可能作为产品测试的一部分。在没有开展可靠性工作的一些企业，其产品测试中也有一些类似的测试项目，称之为异常情况测试，在通信网络设备中还有压力测试（大流量冲击测试）。这些测试的目的都是通过模拟一些异常情况，测试验证网络设备的健壮性。而可靠性测试则将其上升到一个更加全面、规范的层面。一种比较典型的可靠性测试方法就是故障注入测试（Fault Insertion Test，FIT），它通过在系统中模拟、注入一些特定的故障模式（可以是硬件故障、软件故障、人为操作故障、网络攻击等），来验证产品的可靠性能力，具体来讲就是通过可靠性测试来验证以下两种情况。

第一，验证流程的概念和计划阶段确定的可靠性需求的实现情况。

我们前面提到，在概念阶段确定了产品的可靠性需求，并在计划阶段随着产品架构设计的完成，将可靠性需求逐层分解分配到底层的各单元，所有这些可靠性需求都必须加以验证，以确定其实现情况，即，对可靠性需求实现闭环。可靠性需求的端到端闭环动态管理如图 3.14 所示。

实际上，可靠性需求的闭环并不仅仅局限于开发流程的某个阶段，而是应该贯穿于整个流程。我们仍以 IPD 为例加以说明：

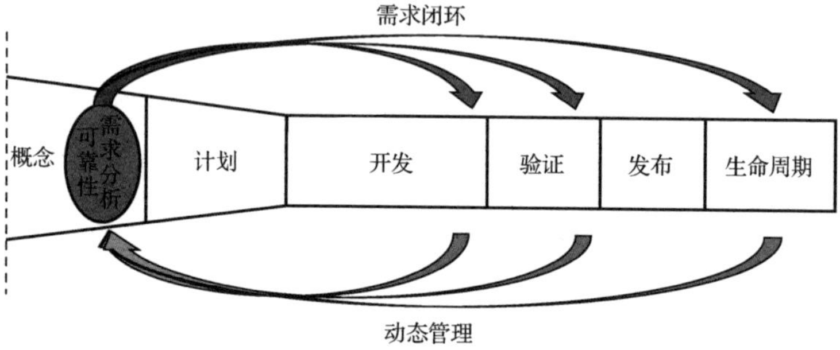

图 3.14　可靠性需求的端到端闭环动态管理

在 IPD 流程的每个阶段点，即 TR 点，都需要对可靠性需求的实现状况进行审查，其中有三个点尤为重要。在这三个点实现闭环，我们称为可靠性需求的三节闭环管理。第一个点在开发阶段完成，对应 TR3（见图 3.13）。因为在这个阶段，产品的设计基本完成，相应的主要的可靠性设计、分析工作也随之完成，产品的可靠性基本定型，所以这个时候需要对最初的可靠性需求实现情况做一个全面深入的回顾。第二个点在验证阶段完成，即 TR4。因为这个阶段是全面进行可靠性测试和试验验证的阶段，当然也包括了对前期可靠性需求的测试验证。最后就是生命周期阶段，即产品实际交付使用后，这时候可靠性要接受市场和用户的实际检验。

第二，验证前期所有可靠性流程活动产出的可靠性需求的实现情况。

可靠性需求的动态管理是指除了在最初的概念和计划阶段确定

的那些可靠性需求外，在 IPD 的整个过程中，随着可靠性设计和分析工作的开展，都还会有新的可靠性需求产生。当然也会有出于各种原因，一些需求被裁减的情况。比如在我们进行 FMEA 等可靠性分析时，会发现一些产品的设计问题，从而提出相应的改进措施，这些改进措施就会形成对硬件、软件等相应的设计需求。可靠性测试、试验同理。另外就是在现场使用过程中，也会出现一些问题，从而形成对设计改进的反馈。对于这些新的可靠性需求，越是靠后端，则越难以落地，这也是为什么我们一再强调可靠性工作要往前做的原因，因为后期的设计更改成本太大，甚至有时是不可能更改的。但即便是当前无法落地的可靠性设计需求，也需要做好收集和记录，可以在下一个产品或产品的下一个版本落地。

此阶段进行可靠性验证的主要技术方法有两种：可靠性测试（如 FIT）和可靠性试验（如 HALT）。

可靠性测试中的故障注入测试（Fault Injection Test，FIT），是一种采用故障模拟的手段，人为向系统注入包括软件故障、硬件故障、人因差错等故障模式，从而验证系统可靠性能力的一种测试技术。

由此可见，FIT 的思想与 FMEA 是一致的。FMEA 是通过分析，来看一个故障会对系统产生何种影响，以及系统对该故障是如何应对的。FIT 则是通过实际模拟/注入故障来实现这一过程的。因此 FMEA 的分析结果可以作为 FIT 的一个重要输入，用 FIT 来验证

FMEA 的分析结论。

FIT 应尽可能工具化，包括故障模拟、注入，以及测试结果的测量和记录，都应尽可能地自动化、工具化，一方面是降低操作的复杂度，另外也是为了确保测试的准确性。

而可靠性试验则是指可靠性教材中介绍了两大类可靠性试验方法：可靠性统计试验（又分为可靠性鉴定试验和可靠性验收试验）和可靠性工程试验（又分为可靠性筛选试验和可靠性增长试验）。由于样本量、时间进度、成本等诸多方面的原因，整机设备商很少应用可靠性统计试验。另外，由于 NPI 仍属于开发阶段，所以这个阶段的可靠性试验也应是开发阶段的可靠性试验，而工程试验中的筛选试验则属于生产阶段的试验，所以这个阶段应用比较多的还是可靠性增长试验。这类试验的主要目的是通过给产品施加一定的环境应力（主要是温度应力和振动应力），激发产品存在的设计和生产工艺缺陷，通过改进以达到可靠性增长的目的。而为了更快、更有效地激发故障，目前大都采用应力水平比较高的高加速寿命试验（Highly Accelerated Life Test，HALT）。

（2）职责分工。

【建议责任主体】产品测试/可靠性试验工程师，按照可靠性流程要求，以及企业内部相关可靠性测试/试验规范和指导书，完成产品可靠性测试/试验工作。

【建议参与人员】产品可靠性工程师、各相关业务领域工程师，负责落地可靠性测试/试验活动所产生的可靠性需求。

【建议审核人员】产品 QA，作为流程活动的监控人员，负责监督可靠性测试/试验工作完成状况，并对整个过程做好记录和跟踪。

（3）输入/输出。

【输入】

- 《FMEA 分析报告》等可靠性设计、分析报告；
- 产品可靠性需求。

【输出】

- 《产品可靠性测试/试验报告》；
- 产品软硬件各单元和各业务领域的可靠性需求。

5. IPD 发布阶段——生产过程的可靠性

（1）活动内容。

这个阶段对应的是产品的批量生产，也是将产品的设计可靠性加以实现的过程，该阶段的可靠性流程活动可能包括：

工艺过程的 FMEA 简称 PFMEA（Process Failure Mode and Effects Analysis），针对不同工艺的工序过程进行的失效模式分析。

高加速应力筛选（Highly Accelerated Stress Screen，HASS）。也是为了改进传统的环境应力筛选（ESS）存在的筛选效率较低的问题而产生的一种新型筛选试验。它的主要特点以及与 HALT 的不同见表 3.1。

表 3.1　HALT 与 HASS 比较

试　　验	开 展 阶 段	性　　质	目　　的
HALT	研发阶段，小批量试制	破坏性	激发故障，确定破坏极限
HASS	生产阶段	非破坏性	剔除早期失效和不合格品

当然，在生产阶段为了确保生产工艺的可靠性，还有很多其他的工程方法，如失效物理分析（Physics-of-Failure，PoF）、连续可靠性试验（Ongoing Reliability Test，ORT）、老化试验（Burn-In）等。特别是 PoF，可以说是很多生产工艺可靠性活动的基础。包括 PCBA 的器件、焊点、各种连接的失效，有其共性原因，但也有不同企业、不同生产线特有的原因。因此需要通过详细的失效机理分析，找出导致其失效的根本原因，才能从可靠性设计准则、操作规范、试验方法等方面采取切实有效的措施。企业的生产部门应成立专门的可靠性团队，从事生产工艺的可靠性技术研究与应用。

（2）职责分工。

【建议责任主体】产品工艺可靠性工程师/可靠性试验工程师，按照可靠性流程要求，以及企业内部相关工艺可靠性规范和指导书，完成产品工艺可靠性设计、分析和试验工作；对生产过程中发生的失效，组织开展失效机理分析，确定失效根因，进行工艺过程改进。

【建议参与人员】产品可靠性工程师、各相关业务领域工程师，配合工艺可靠性工程师完成相关工艺可靠性活动，并推动其中产生的需求落地。

【建议审核人员】产品 QA，作为流程活动的监控人员，负责监督工艺可靠性工作完成状况，并对整个过程做好记录和跟踪。

（3）输入/输出。

【输入】

- 工艺流程及其相关的失效模式；
- 企业生产过程可靠性试验规范。

【输出】

- 《PFMEA 分析报告》；
- 《生产过程可靠性试验报告》；
- 产品及各业务领域的可靠性需求。

6. IPD 生命周期阶段——现场运行可靠性

（1）活动内容。

IPD 的生命周期阶段是指产品交付市场投入运行使用以后的阶段，这个阶段产品所表现出的可靠性水平，以及出现的问题将是对前期可靠性工作的最终检验，同时也是我们为实现产品可靠性改进，所需各种可靠性基础信息的重要来源。因此该阶段一个很重要的可靠性工作主要是通过构建故障报告分析与纠正措施系统（FRACAS），形成可靠性的闭环反馈，见图 3.15。

图 3.15　FRACAS 闭环反馈系统示意图

构建 FRACAS 系统的注意事项如下。

第一，要与企业现有的现场数据记录、采集系统相融合。

一般企业都会有现场运行数据收集的数据库，包括维修/维护记录等。FRACAS 应与这些数据库相融合，一方面要根据可靠性的要求规范现场维护记录，包括故障时间、故障现象、故障影响、现场解决措施等。这些基础信息是后续可靠性数据统计、分析不可或缺的基础输入。

第二，流程需流经可靠性工程师。

FRACAS 中的众多信息对于可靠性工作来说都是至关重要的，

具有非常高的分析利用价值。然而，这些信息往往未能有效传递给可靠性工程师，尤其是与可靠性相关的问题分类与问题清单。这些问题应确保经过可靠性工程师的审核，或至少应为可靠性工程师设置可访问权限，以便他们能及时获取相关可靠性信息和数据。

另外一个与运行使用可靠性密切相关的领域是可服务性设计，即前面可靠性基本概念中介绍的 DFX（面向产品生命周期各种工程特性的设计）中的 DFS（可服务性设计）。当然，DFS 也同样需要在前端产品开发过程中即开始介入，但由于有些企业将 DFS 与 DFR（可靠性设计）划分为不同的业务领域，所以本书并没有着重去介绍 DFS 部分内容。由于 DFS 与现场运行可靠性关系密切，所以这里也简单罗列一下与之相关的一些工作项目，供大家参考。

首先是人因可靠性。人因可靠性是指由于人为的一些错误导致产品发生故障，其本身就是一个很大的技术领域。人为错误又可以大致分为两类：误操作和配置错误。前者指人们在使用和维护产品时，对产品实施的一些错误操作导致产品出现问题，比如有些连接器接口类似，又没有明显的标识和防呆设计，导致线缆插错；维护人员不小心碰触到光纤或某些元器/部件，导致接触不良；道路施工挖断光缆；等等。这些情况都需要考虑防护和保护设计。配置错误主要指配置参数过程中发生的错误，对应英文 Procedure Error。比如对于通信网络设备或某些电子电气设备，用户在使用中把某些参数配置错了，这种问题导致了大量的网络事故和运行故障，而且这种问题具有很强的隐蔽性，很难被发现，是令现场维护人员极为头疼的一类问题。

然后是多级备件保障体系。

备件也是影响现场运行可靠性的一个重要因素，当产品在运行过程中发生故障时，如果能有足够的备件及时更换，将显著减少平均维修时间（Mean Time To Repair，MTTR），从而保障产品和服务的高可用度。

基于现场可更换单元（Field Replace Unit，FRU）的失效率和泊松分布的备件算法已经有相关标准和手册。在实际的工程实践中，除了备件的计算之外，整个备件的配备和供应也涉及一套完整的体系。比如我们这里提到的多级备件保障体系的建设，在军品领域，有基层级、中继级和基地级的三级保障体系，而在民品领域也有按地区和范围划分的多级备件保障体系，如城市级、国家级、区域级和全球级的备件库和备件中心，其中又涉及备件的运输、存储可靠性等诸多问题。

最后是维护策略和手段。

除了上面提到的备件之外，为了确保现场运行和使用的可靠性，在整个维护策略中还有诸多问题需要考虑，比如：

- 基于故障预测的例行维护策略的制定与实施；

- 维护系统的可视化；
- FRU 的故障定位与恢复技术与工具；
- 无人值守设备的远程自动化维护；

……

（2）职责分工。

【建议责任主体】产品售后可靠性工程师，利用 FRACAS 系统，收集产品运行过程中的可靠性相关数据，包括失效率、失效模式等；构建保障产品运行所需的备件体系和维护策略。

【建议参与人员】产品可靠性工程师、各相关业务领域工程师，关注现场数据中各自领域所存在的问题，对前端可靠性设计、器件选型、工艺改进等形成反馈。

【建议审核人员】产品 QA，作为流程活动的监控人员，负责监督现场运行可靠性工作的完成状况，并对整个过程做好记录和跟踪。

（3）输入/输出。

【输入】

- 现场运行数据。

【输出】

- 失效率、失效模式等数据统计结果；
- 备件、维护方案。

可靠性工作纳入研发流程是确保可靠性工作落地，从而研制出高可靠产品的有力保障。但在此之前，需要我们首先把可靠性的基础工作做好，确保落入流程的可靠性活动能够顺利开展并取得良好的效果，同时还需获得企业高层和研发体系的支持。

研发流程各阶段需开展的可靠性活动应结合每个企业、产品的特点来选定。这里只是举了一些例子。但基本的原则是，可靠性的活动与产品的研发过程应是完全同步的，这样二者才能完美融合。可靠性工作本身的各种技术方法非常多，同时还包括很多与可靠性强相关的业务领域，如安全性、可维护性等。有些大型企业会将它们划分成不同的业务领域，由不同的部门或团队负责，但更多的企业可能不会做那么细的领域划分，这时就要求可靠性工作能够把这些相关的业务领域统筹兼顾起来，形成一个广义的可靠性概念，因为这些领域也将对产品最终的可靠性产生很大的影响。

3.5 可靠性专项技术攻关

在可靠性流程建立起来并顺畅运作之后，企业的可靠性工作是否就万事大吉了呢？答案是否定的。可靠性流程工作只是保障产品可靠性的一种基本手段，而要想不断提升一个企业的可靠性能力和产品的可靠性水平，还有很多工作要做，也就是本节将要讨论的可靠性专项技术研究。

如果把可靠性流程工作看作一个“面”，那么可靠性专项技术研究就是一个个的“点”，点面结合，才能最终确保产品的高可靠性。

那么这些“点”具体都指什么呢？

1. 产品的“老大难”可靠性问题

其实不仅是可靠性方面，在产品研发的各个领域都存在一些技术难题，有些甚至是世界性的。这些问题长期困扰产品研发人员，然而，由于技术、管理等诸多方面的因素而又长期得不到解决，俗称“老大难”问题。那么我们企业的可靠性部门就需要把这些可靠性问题作为一个个的专项，组织相关领域和产品的专家进行攻关，并将攻关成果推广实施，切实解决产品的实际问题。

比如在通信网络的运行维护中，故障的定位一直是个大难题，这个问题严重影响网络的故障恢复时间和故障维修时间 MTTR，进而影响到网络的可用度（可用度=MTBF/（MTBF+MTTR））。比如某个地区的一些用户遇到手机上不了网的问题，由于无线通信网络十分复杂，由多个层次的不同类型网络组成，每一层的网络又包括众多的设备、链路，要想在短时间内快速定位问题出在哪里是极其困难的。对这个问题，客户（运营商）、各地办事处和研发体系都反映特别强烈，急需解决方案。那么可靠性部门就可以将其作为一个专项研究方向，运用不同的技术研究开发解决方案，并提供给产品和客户应用，如：

- 基于告警关联的故障诊断方案；
- 基于故障树分析（Fault Tree Analysis，FTA）的故障诊断专家系统；
- 采用大数据分析和机器学习实现故障定位技术；

……

2. 新技术、新产品的可靠性问题

新技术、新产品在不断发展，可靠性研究必须跟上这一步伐，否则就无法为产品提供可靠的保障。尤其是现在的很多技术/产品更新换代周期非常短，比如当我们还在专注于无线4G网络的可靠性设计时，更新一代的5G网络就已经开始商用了，如果可靠性部门没有前瞻性的技术储备，一旦新的5G网络产品投入研发，如何去保障这一新技术、新产品的可靠性呢？

还有现在整个系统的设计思路也在发生很大的变化，也同样要求可靠性部门必须跟上这一发展趋势，比如：

软件在整个系统中所占比重越来越大，对软件可靠性的要求越来越高。

底层（硬件和软件）从专用向商用转变，底层可靠性降低，但

要求系统的可靠性仍然保持原有的水平。

以通信网络设备为例，原来的硬件基本都是基于专用的硬件架构（如 CPCI、ATCA）设计的，而软件也多是以自研的基于 VxWorks 的嵌入式软件为主。但随着网络虚拟化、云计算等技术的发展，这种设计模式已经发生很大的变化。专属硬件开始向基于商用服务器的数据中心转变。软件方面，底层也更多地开始采用商用、开源软件，而企业更多地转向上层应用软件的开发。原本这些软硬件都不是针对高可靠性应用场景设计的，因此可靠性较之前的专用软硬件要低，但通信网络设备总体的可靠性却不能因此而降低，这就对可靠性设计提出了新的挑战，需要可靠性部门加以研究并提出解决方案。

所以，这又为可靠性工作提出了一个新的要求，即可靠性技术的预研。就像产品、技术的预研一样，可靠性部门需要和企业的市场、预研部门建立联系，密切跟踪新技术、新市场的发展，甚至我们自己也要经常走出去，通过拜访客户、参加专业会议，以及与业界专家交流等，及时掌握最新技术动态。

3. 市场/客户的可靠性痛点问题

企业可靠性部门的一个重要的工作内容就是市场/客户的可靠性需求收集与分析，这就要求可靠性工程师除了做好例行的可靠性工作外，还必须经常接触市场和客户，以及时、全面、深入地掌握市场/客户的可靠性需求和痛点问题。对于挖掘到的一些新的可靠性需求和问题，也应该作为可靠性技术专项加以研究，找到满足这些需求的技术方案，以使产品具备更好的市场竞争力。

比如我们曾经走访过一些客户，有些客户反映了有关配置可靠性的问题。因为我们的很多网络设备在运行前都需要做一些参数配置，或者在运行过程中做一些配置更改，而由于我们的网络设备配置项非常复杂，需要配置的参数很多，在配置过程中很容易出现把一些参数配错的情况，从而导致网络业务中断。而一旦出现这种情况，客户排查起来也非常困难。由于我们在这方面前期缺乏必要的技术积累，因此无法马上为客户提供有效的解决方案，于是我们成立了一个专项小组，集中这方面的专家进行研究，最终为客户提供了自动化的配置工具，以降低人工配置出错的可能性。同时研发了对配置参数进行自动核查和纠错的工具。

通过可靠性专项技术的研究，在切实解决产品可靠性问题的同时，提升了整个企业的可靠性能力，也打造了一支特定领域专业能力超强的可靠性专家队伍。从而无形中，原来的可靠性管理部门就转变成了可靠性能力中心，或者说，在原来管理部门的基础上，又增加了能力中心的职能，使得我们的可靠性部门从单纯的“管理”产品，向“服务”产品转变。而由于这些专业领域，也就是所说的

“点”或“专项”，都是市场/客户、产品所急需的，因而在这些领域构建的能力将可以更好地为市场/客户和产品服务。

3.6　本章小结

我们将可靠性体系分为了技术体系和管理体系两部分，这两部分的划分一方面体现了可靠性本身就是一门技术管理类的工程学科，另外也符合“由正确的人做正确的事”的原则。正确的人靠可靠性管理体系来保证，而正确的事就是我们本章所讲的可靠性技术体系中的内容。

可靠性是一项与技术紧密相关的工程业务，这是它与其他以管理为主的业务体系的明显不同之处。它的技术性既体现在可靠性技术本身，也体现在产品和各种工程领域，说白了，就是你要做某个对象的可靠性工作，就一定首先要懂这个对象，包括它的技术细节，至于说要懂多少，并没有一个底限，应该是越多越好。因为只有深入了解它，你才能对它的可靠性进行深入的分析、设计、评估，也就是本章所介绍的，对产品的全过程实施可靠性管控和评价。同时在产品出现可靠性问题时，才能借助可靠性的技术方法，帮助产品去解决问题，即我们所说的专项技术攻关。

当然，所有的这一切都需要有众多的基础能力支撑，而这些基础能力是企业需要长期不懈积累的，也是企业可靠性软实力的一种体现。很难想象，基于错误的数据而进行的可靠性评估和分析，其结果能有什么价值。所以，对于希望把可靠性工作做好的企业，应及早着手基础工作的建设，这是未来可靠性工作发展的基石。

第 4 章

组织控制——企业可靠性管理体系

上一章我们讨论了可靠性的技术体系，本章我们来探讨整个可靠性体系的另一大组成部分：可靠性的管理体系。我们都知道，可靠性是一个复杂庞大的系统工程，涉及众多的技术领域和部门，要让这样一个庞杂的体系顺利运转并取得实效，管理在其中起着至关重要的作用。

另外，“人”的能力是整个可靠性工作中的决定因素。其实不仅是可靠性，任何的专业或业务都是如此。最终事情是要靠人去做的，如果我们从技术的角度对可靠性工作已然有一个全面完善的规划，但如果没有有能力的人去实施也是一场空。所谓由正确的人去做正确的事，可靠性的技术体系要解决的是“什么是正确的事”，而可靠性管理体系要解决的则是“何为正确的人”。因此，可靠性管理的核心就是对可靠性工作中涉及的人及其能力进行管理和规划，具体来说，就是可靠性工作中的人从哪里来，在企业中对他们如何定位，以及如何不断提升他们的技能和归属感。

本章将重点讨论以下几个方面的问题：

- 企业可靠性工程师的来源；
- 企业的可靠性组织架构；
- 可靠性行业管理的概念与实施；
- 企业的可靠性考核体系；
- 可靠性工程师的职业发展通道。

4.1　企业可靠性工程师的来源

既然可靠性管理体系解决的是“何为正确的人”的问题，那么首先要解决的是正确的人从哪里来的问题。其中涉及两个方面的问题：一是作为一名合格的可靠性工程师需要具备哪些能力；二是一个高效的可靠性团队的最佳组成应该是怎么样的。

针对第一个问题，通常对于一个企业，可靠性工程师实际上也是分不同类型的，这一点在下面有关可靠性工程师的职业发展通道章节还会进一步详细介绍。但总体上企业需要能够“两条腿走路”的可靠性工程师：一方面需要掌握可靠性专业知识，另一方面需要了解产品和技术。这是由可靠性这门工程学科的自然属性所决定的。但实际当中这样的现成人才很难找到，比如对于从可靠性专业毕业的工程师，他们往往缺乏对产品和技术的深入了解；而从产品研发或业务部门转过来的可靠性工程师，可靠性的专业知识又是他们的短板。当然还有另外一种途径，就是外聘，尤其是来自同行业企业的有经验的可靠性工程师。但是正如上面所说的，这种现成的人才毕竟稀缺，因此作为一个企业，更多的还是要靠自己来培养，并将此项工作上升到企业战略的高度来重视。可靠性是企业的绝对软实力，而合格的富有经验的可靠性工程师，则绝对是企业的宝贵财富。

不仅可靠性工程师应该具备“两条腿走路”的能力，组建一个可靠性团队或部门也必须兼顾可靠性和产品、技术。上面说了，理想状态应该是每个可靠性工程师都能够既懂可靠性又懂产品和技术，但实际当中往往是很难短期实现的，这时候在组建可靠性团队时，就需要考虑两方面人员的合理配属。即在一个可靠性团队中，既有偏可靠性专业的，又有偏产品、技术方面的，这样的组合更能有效支撑企业的可靠性各项工作。而两方面人员的配置比例因不同的企业和产品具体情况会有所不同。比如对于那些产品类型和涉及技术专业（如硬件、软件、机械、电子等）都较多的企业，两方面人员配置比例可以按 2∶8，即，偏产品、技术的人员要更多一些。这样可靠性工作能够覆盖的产品和业务领域就会比较全一些，因为即使是从管理的角度，也需要对产品和技术有一定的了解，如果企业的可靠性管理部门大部分都是偏可靠性专业的人，其对产品和技术了解不够，其实很难有效实施管理职能，说白了，就会出现管理被“架空”的情况。

4.2 企业的可靠性组织架构

可靠性的组织架构建设也必须结合企业的实际，不同的企业，以及企业的不同发展阶段，可能都会有不同的可靠性组织架构。但无论哪种形式的可靠性组织架构，都必须遵循“扎根产品，服务产品”的基本宗旨。

前面第二章介绍了企业可靠性可能的五个发展阶段：试验起步阶段、设计发展阶段、流程建立阶段、体系建设阶段和能力中心阶段。针对这五个不同的发展阶段，企业中的可靠性组织架构的形式也会有所不同。

4.2.1　可靠性单层组织架构

对于产品或业务类型相对单一的小型企业，或者可靠性工作处于刚刚起步阶段的企业，通常可靠性的组织架构都比较简单。一般会在企业内设立一个可靠性部门，或者团队，这个部门或团队在行政上可能设在研发体系的总体技术部门、质量部门，或者基础研究部门，但无论行政上它隶属于哪里，但从业务职能的角度，它要负责整个企业的可靠性相关工作，是企业级的可靠性部门。

具体来讲，此时的可靠性部门可能设置于试验和研发部门。尤其是在企业发展初期，可靠性工作也刚刚起步，很多企业为了使研发出来的产品尽快稳定，满足批量生产的要求，通常会在研发和生产之间设立一个中间试验环节，主要职责是对研发出来的产品进行各种稳定性和可靠性的测试验证，确保产品没有明显的缺陷。而此时可靠性工作也以可靠性试验为主，相应的可靠性部门就是环境与可靠性试验室之类的。

而随着可靠性意识的深入普及，企业开始意识到可靠性设计的重要性，于是整个可靠性工作开始前移，从中间试验到前端的产品开发，相应的可靠性部门也会随之发生变化，在保留环境与可靠性试验室的同时，在研发部门，如总体技术部，设置可靠性设计部门，承担产品早期的可靠性设计工作。

可靠性组织存在的另一种形式是与质量部门结合，由于质量与可靠性的密切关系，有些企业会将可靠性职能置于质量部门之下，统筹管理整个企业的可靠性工作。

一般企业的可靠性单层组织架构示意图如图 4.1 所示。

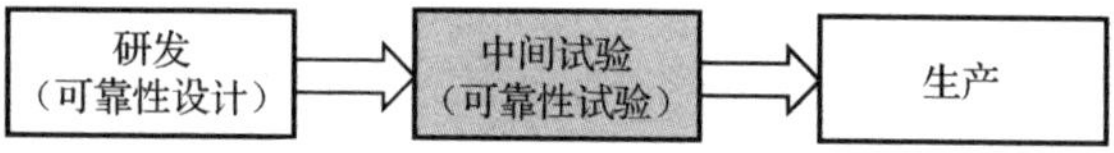

（a）单层可靠性组织架构图示一：位于试验或研发部门

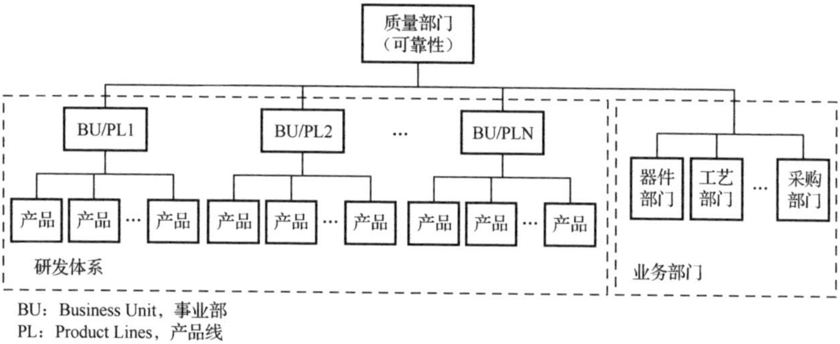

（b）单层可靠性组织架构图示二：位于质量部门

图 4.1　一般企业的可靠性单层组织架构示意图

但无论位于哪个业务部门之下，单层的可靠性组织架构其缺点是显而易见的，即都无法完全承担起整个企业的可靠性技术管理职责。

首先说可靠性工作位于试验和研发部门之下的情况。实际上都是整个端到端研发流程的其中一个环节，除了把自身的工作做好之外，很难去协调调动其他环节或部门的可靠性工作，有点铁路警察各管一段的意思。可靠性是一个系统工程，涉及整个研发流程的每个环节，或者说，任何一个环节出现问题，都会导致最终的产品出现问题，单纯把试验或者研发做好，都是无法实现最终产品的高可靠性的。因此，没有全流程打通的这种能力，是很难做好可靠性工作的。

再来看可靠性位于质量部门的情况，此时从职责上看，这个可靠性部门是面向整个企业的可靠性工作的，但由于缺乏来自下面开发和业务部门的有力支撑，实际上它的管理职责也是很难落地的，说白了，就是很容易处于一种“被架空”的状况。因为它既要承担产品的可靠性设计工作，又要负责各业务部门的可靠性工作，包括器件、工艺和采购等，同时还包括整个企业的可靠性管理工作，可谓任务繁重。要想完成好所有这些工作，要求部门必须具备各个领域的可靠性专家，而实际上这是无法实现的。所以说，这种结构仅适用于产品或业务相对比较单一的企业，比如企业只从事某一种相对简单的产品设计或生产制造。另外一种情况就是企业的可靠性工作尚处于起步阶段，各个领域的可靠性工作还没有全面深入开展起来，还处于我们前面所说的“打基础”阶段，这种情况单层的组织架构可能是适用的。但即便如此，也特别建议我们的可靠性部门或团队的可靠性工程师们，尽可能多地“下沉”到产品或业务中去，而不是简单地搞可靠性管理，因为如果没有底层产品和各业务领域可靠性的支撑，单纯上层的可靠性管理往往效果不好。

4.2.2 可靠性三级组织架构

单层的可靠性组织架构由于缺乏来自下面的或平行的产品和业务部门的支撑而往往效果不好，因此，一种更为复杂，但也更为有效的可靠性组织架构出现了，如图 4.2 所示，我们称之为可靠性三层组织架构，其中第一层是前面所说的企业级的可靠性部门，负责整个企业的可靠性管理和能力建设；第二层是在各个 BU（Busines Unit，业务单元）/PL（Product Line，产品线）和业务部门构建的专业的可靠性管理团队（Relialility Management Team，RMT），承担各自 BU/PL 和业务部门的可靠性管理和能力建设；最后，第三层是我们底层的各个产品，对于每个产品，都要任命一名可靠性系统工程师（Reliability Systoms Engineer，RSE），负责该产品的可靠性具体工作。同时也包括各个业务部门的可靠性团队成员。

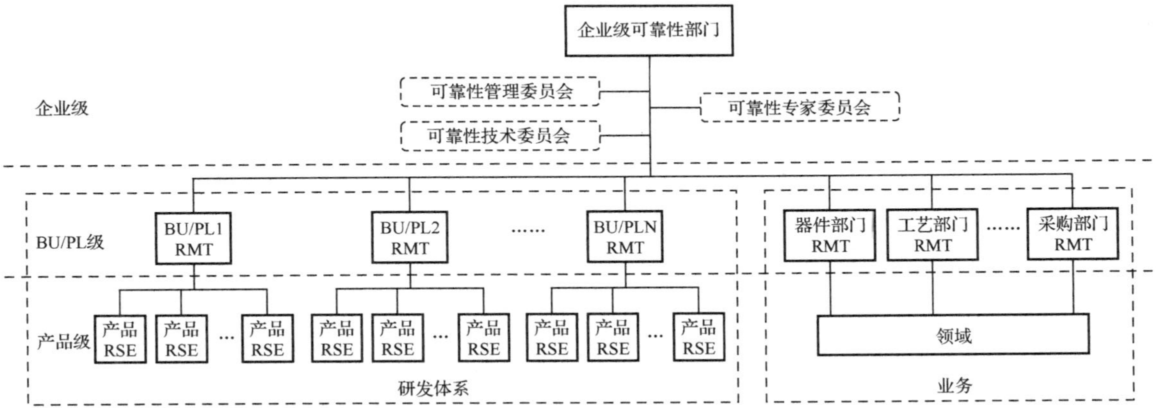

RMT：Reliability Management Team，可靠性管理团队
RSE：Reliability System Engineer，可靠性系统工程师
RE：Reliability Engineer，可靠性工程师

图 4.2　可靠性三级组织架构

这三级可靠性组织更为具体的职责如下：

第一级：企业级的可靠性部门。

顾名思义，这个部门负责整个企业的可靠性技术和管理，包括企业可靠性发展战略目标和策略的制定，可靠性能力的建设等，有关该部门的具体职责将在后面的行业管理部分做进一步介绍。

第二级：BU/PL 级的可靠性管理团队。

对于有多个 BU 或 PL 的企业，每个 BU/PL 都要建立一个专门的可靠性管理部门/团队，通常是设立在总体组下面，负责该 BU/PL 的可靠性技术与管理工作。它与企业级可靠性部门的差异在于，企业级可靠性部门负责的是企业所有 BU/PL 共性的可靠性技术，其工作目标是实现整个企业的可靠性愿景目标；而各个 BU/PL 的可靠性团队负责的是该 BU/PL 所特有的可靠性技术问题，工作目标也是实现该 BU/PL 的可靠性目标。另外就是我们各个业务部门的可靠性团队，比如器件、工艺等，作为整个可靠性体系的重要组成部分，他们同样需要在各自的业务领域持续开展可靠性技术研究和能力建设。

第三级：产品的可靠性系统工程师

一个 BU/PL 下面通常又有多个产品，为了确保可靠性工作的有效落地，每个产品都应该设置一个可靠性工程师，他/她就是这个产品的可靠性负责人和接口人，受 BU/PL 可靠性管理团队的直接领导。

根据产品的实际情况，这个可靠性工程师既可以是专职的也可以是兼职的。

这样的一个三级组织架构，使企业的可靠性工作就像一棵参天大树，其根系深深地植入底层的产品和业务之中，这样才能确保企业的可靠性理念、技术、流程、方法等真正落地，我们的上层可靠性管理才能成为有源之水，有本之木。

4.2.3　可靠性管理/技术委员会

在上述的三级可靠性组织架构中，处于顶层的企业级可靠性部门需要对下面的各研发、业务部门实施可靠性管理。包括下发可靠性目标，制定和实施企业级可靠性标准，对下面各研发、业务部门的可靠性活动执行情况进行监督审查等。这样的可靠性管理活动通常是通过可靠性管理委员会和可靠性技术委员会两个虚拟组织来完成的。

顾名思义，可靠性管理委员会和可靠性技术委员会分别是从管理和技术两个维度来构建的。可靠性管理委员会更多关注人员招聘、任职资格、技能培训等管理性质的事务；而可靠性技术委员会偏重于可靠性技术的能力建设和分享，因此在人员构成上也有所不同。可靠性管理委员会通常由行政管理者组成，如各可靠性团队的负责人；可靠性技术委员会由各可靠性团队中的可靠性技术专家组成。但通常各可靠性管理团队的管理者同时也大都是该产品或领域的技术专家，再加上为了避免机构重复，减少会议等管理成本，也可以将二者合并。

可靠性管理/技术委员会主任通常由企业级可靠性部门的部长或高级别技术专家担任。委员会会议可以以月度或事件驱动的方式举行，是企业实施可靠性管理的重要支撑组织。

4.2.4 可靠性专家委员会

企业中还可能存在的一种可靠性组织形式称为“可靠性专家委员会”或“可靠性专家资源池”，其中集中了各个领域顶尖的可靠性专家，主要职责是负责企业重点产品、重大项目的可靠性评审与把关。

那么它与三级组织架构中各研发、业务部门的可靠性团队和可靠性管理/技术委员会又有什么区别呢？

首先可靠性专家委员会是一个临时性的、松散的、跨部门的、跨领域的专家团队，每次组建的可靠性专家团队，其成员组成要根据该次任务的要求选择不同领域的专家。而前面提到的两个组织人员都是相对固定的。

我们举个例子，比如 A 产品线开发了一个以存储功能为主的产品，按照前面讲的可靠性流程和组织结构，该产品整个开发过程中的可靠性活动应该由该产品线的可靠性管理团队和该产品的可靠性系统工程师（RSE）负责，但由于该产品地位特别重要，可靠性要求非常高，那么在该产品研发流程中的重要 TR 评审点，该产品 RSE 可以通过可靠性管理/技术委员会向企业级可靠性专家委员会发起共同评审请求，即邀请来自其他产品线和业务部门的可靠性专家共同参与该产品的可靠性评审，共同为该产品的可靠性把关。可靠性管理/技术委员会主任在收到该请求后，会指派一名可靠性专家作为负责人，从可靠性专家委员会中选取相应的专家，临时组建一个可靠性专家团队，参与该产品的关键 TR 点评审。所选取的专家应根据该产品的特点和需求来定，比如这是一个存储类的产品，就应该重点选取那些偏软件和数据可靠性，对分布式存储、数据持久度、数据恢复、容灾等相关领域有深入研究和经验的专家。那么在评审工作结束后，这个临时性的专家团队也就解散了，等待下一次有需要时再组建。

4.3　可靠性行业管理的概念与实施

行业管理，简称“行管”，是针对某一个特定业务领域而实施的技术管理活动。行业管理中的“行业”是指企业内部各种业务，比如前面介绍的DFX中的所有“X”，都是一种“行业”，而其中针对可靠性的管理在企业内称为可靠性行业管理（可靠性行管）。

可靠性行管的重要意义不言而喻，前面我们介绍了企业的技术体系和组织结构，要想让这样一个复杂的体系高效、顺畅地运作，就离不开强有力的可靠性行管。

企业可靠性行管的职责主要在企业级的可靠性部门，具体内容如下。

4.3.1 建设并贯彻企业可靠性文化

我们都知道企业有质量文化，很少听说可靠性文化，其实意思是一样的，因为可靠性本就是质量的一种重要属性。所谓文化，就是一群人在做一件事时，所秉承的共同的观念和行为准则，只有这样，才能全体统一思想，力出一孔，事情才能成功。至于在可靠性方面，我感觉文化的建立主要体现在以下几个方面。

1. 可靠性意识的建立

一谈到可靠性意识，有人就会觉得有点老生常谈，但它却是搞好可靠性工作的第一要素。只有首先想把一件事做好，才会涉及后面具体的技术层面的解决方案。而我们现在很多企业恰恰缺乏的是全面、正确的可靠性意识。这种意识应该是全员全环节的，与全面质量管理（TQC）类似，强调的是全员全过程。首先从领导层面的重视程度来说，这个问题在前面第一章中也谈到了，这里不再赘述；其次是企业所有的员工，他们必须明确自己所承担的工作与可靠性的关系，涉及哪些可靠性的工作和要求。现在很多企业的产品出现的可靠性问题其实都非常“低级”，其原因就是我们的研发和工程人员缺乏最基本的可靠性意识，没有意识到自己实现产品的功能的同时，还有可靠性方面的要求要实现。比如有些企业开发的产品，维修性很差，在售后维护维修时广受诟病，一个简单的维护维修需要拆卸很多部件，且相关部件的标准化做得也不好，给维修师傅的操作带来很多困难，费时费力。其实这就是典型的缺乏可靠性意识造成的，该产品的开发人员，从一开始进行产品设计时，就没有意识到要考虑这些维修性方面的需求。因此，建立全面深入的可靠性意识是企业可靠性管理的首要任务。

2. 可靠性责任的建立

现在很多企业都有一种意识，认为产品可靠性就是可靠性部门或者可靠性工程师的职责，这种看法其实是非常错误的。在可靠性责任的划分上，除了上面提到的全员全过程之外，特别要强调研发部门是产品可靠性的第一责任主体。这也是本书贯穿始终的一个基本思想。产品可靠性工作与研发工作是并行的，是同时开展的，研发团队要意识到，自己的职责不仅仅是把产品做出来，还要把产品做好、做稳定。尤其是产品经理这个角色，要对产品端到端、全方位地负责，其中当然也包括产品的可靠性。

3. 可靠性行为准则的建立

如上所述，所谓文化就是大家遵循的共同的行为准则。具体到可靠性上应包括以下内容。

（1）追求卓越。

实际上就是弄清我们做可靠性的最终目标是什么？我认为应该把追求卓越，打造企业的高可靠性品牌作为可靠性工作的最终目标，这也是可靠性基本价值的一种体现。在当今激烈的市场竞争中，产品的同质化是一种普遍的现象。从功能和性能的角度，很难有明显的领先优势或者技术壁垒，而产品的可靠性则可以成为产品和企业的一个亮点。如今在某些行业其实已经有很多这样的实例，有些品牌或企业，大家一提起来，首先想到的就是“可靠”两个字，而这种领先优势或者品牌价值的建立也是需要长期坚持不懈努力的，有远见卓识的企业应及早意识到这一点。

在可靠性的实际工作中，大家能够在这一点上统一认识，也是推行可靠性工作的基本条件。比如当企业的可靠性部门制订和推行可靠性愿景目标时，组织整个企业的可靠性体系开展可靠性技术规划时，以及在整个可靠性工作的过程当中，都需要就企业可靠性工作要达成的基本目标达成共识，这样企业上下才能树立共同的目标和努力方向。

（2）“一次把事情做对”。

其实这句话是零缺陷质量管理中的一句话，用在可靠性里也是非常恰当的。可以从可靠性设计和可靠性流程上来理解这句话。企业从最初的可靠性试验把关，发展到重视前端的可靠性设计，其实也是一种一次把事情做对的体现。即，把前端的设计做好，需要通过后面的试验来拦截的问题就会变少，由此导致的设计更改就少，从而有效减少了对成本和进度等的影响。我们把这种思想进一步扩展开来，从整个可靠性流程的角度，如果能够把流程中每个阶段、每个环节都做好，同样会避免很多的设计更改和过程反复，从这个角度也凸显了可靠性流程的重要性。现在很多企业的产品都面临开发周期短、成本压力大的问题，企业迫切需要既能满足这样的苛刻条件，同时又能把产品可靠性做好的方法。而可靠性流程的建立与实施一定是其中一种有效的方法。所谓一步一个脚印，就像数学题的计算过程，每一步都确保是正确的，那最终结果一定是正确的，而这样同时也是最快的。因为一旦单纯为了“快”而在其中任何一步出现错误，查找与反复的过程反而是非常费时费力的，所谓欲速而不达。

（3）务实的工作作风。

有些企业的可靠性工作做不好，形成所谓“两张皮”的现象，其根本原因就是可靠性工作脱离产品实际。实际上每项可靠性工作，甚至每个数据都应该是与产品相关的。可靠性存在的唯一理由，就是能为产品解决具体的实际的问题。因此，我们在开展可靠性的每一项工作时，都应该用这个准则去衡量该项工作的价值：做这个事的意义是什么，做了这个事对于产品提升可靠性到底有什么好处，谁需要看这个事的结果，这个结果能改变什么。如果你不能明确地回答这些问题，可靠性的工作就无法被接受和推行。最后就又搞出了“两张皮”的形式：研发团队只做研发工作，可靠性团队只做可靠性工作，互不相干。尤其是在一些特别看重业务短期效果的企业，恐怕可靠性工作的开展会面临困境。

总之，文化看似有点大而虚，但却是我们做事的总体指导方针。如果在一个企业内部，大家无法就此达成共识，可靠性工作的推动一定是困难重重，最终的效果也难以保证。因此，作为企业的可靠性管理部门，应该首先明确定义企业的可靠性文化，并在各个场合加以宣贯，确保所有人心往一处想，劲往一处使。

当然，要把“大而虚”的文化真正落到实处，单纯靠宣传还是不够的，而一定要在我们的管理体系中加以体现。比如在我们后面介绍的可靠性人员绩效考核、任职资格标准制定等管理手段上，都要把上述的文化意识体现进去。比如我们强调的务实作风，应该体现在可靠性与产品的结合上，即，通过可靠性活动，为产品解决或避免问题。在评定可靠性工程师任职资格时，应该把这一点作为重要的考核内容。说白了，要想获得好的绩效考核结果，以及升职，能否解决产品实际的可靠性问题将是重要标志。只有通过管理体系的这种实际牵引，才能保证可靠性文化的真正落地。

4.3.2 制订可靠性愿景目标

企业的可靠性行管部门作为该技术领域的专业组织，肩负着引领整个企业实现可靠性愿景目标的职责。所以行管部门应从专业的角度，结合企业产品实际，确定该企业的可靠性愿景目标，制订支撑达成该目标的详细的技术规划，并加以推行实施，以确保企业可靠性愿景目标的达成。

在可靠性技术体系的介绍中，已经讨论过如何确定企业的可靠性愿景目标。包括定性的和定量的目标，而在管理体系中，则需要考虑如何把这些目标通过管理体系细化、分解、落地。如果没有这个过程，我们所制订的愿景目标就只能是空的。

比如我们所制订的可靠性愿景目标是实现可靠性的行业领先，并辅以具体的可靠性量化目标要求。那么整个企业的可靠性行业领先就意味着产品的可靠性领先，以及技术的可靠性领先，因此我们必须把这个目标进一步划分给各个产品以及技术领域，作为它们各自的愿景目标，并加以落地实现，这样才能确保整个企业可靠性愿景目标的最终实现。而这个过程就是我们下面要讨论的可靠性技术规划工作。

4.3.3 可靠性技术规划

年初的技术规划和年底的技术总结是任何管理性工作的必要环节，可靠性也是如此。上面制订的可靠性目标也要通过技术规划加以分解和落地。

通常情况下，企业级的可靠性管理部门应首先完成顶层的可靠性规划，通过评审和相关主管领导批准后，下发给整个可靠性体系中各产品线和技术业务部门可靠性管理团队，产品线和业务部门再根据企业级的可靠性技术规划，各自制订自己的可靠性技术规划，完成后，通过可靠性管理/技术委员会这个虚拟组织，拿到企业级可靠性管理部门评审通过，再加以落地实施。年终总结同理，各产品线和业务部门的总结需要通过可靠性管理/技术委员会在可靠性体系内进行评审，以检查所制订的年度目标和规划是否完成，完成结果也将作为可靠性体系考核的依据之一。

根据所制订的愿景目标，可靠性技术规划中应包括长期（五年）、中期（三年）和短期（明年）的可靠性目标和实施策略。由于企业所处的发展阶段、不同产品和技术领域的差异性等等原因，有些可靠性目标可能无法短期内实现，需要制订阶梯式的发展策略，这就需要各产品线和业务部门根据自身实际情况确定。

通常可靠性技术规划内容应包括：

（1）“五看”。

即，看行业、看市场、看竞品、看自己、看问题。“五看”是制订战略目标以及技术规划的基础，只有知己知彼，才能做出切合实际的可行规划。

看行业：这个行业主要指可靠性行业，重点要分析可靠性行业最新发展动态，如有哪些新思想、新方法、新标准等，以及这些新动态对企业产品可靠性的影响。

看市场：重点分析和识别可能的新的市场和客户需求。要做好这个工作，需要可靠性部门与企业的市场和预研部门密切配合，及时掌握企业的市场和技术新动向，提早布局。

看竞品：企业搞可靠性的终极目标就是通过不断提升产品的可靠性，在激烈的市场竞争中取得领先优势，助力市场成功的同时，大幅降低维护成本。所以深刻、全面了解竞品的可靠性水平是必不可少的环节。同样的，可靠性部门要完成这个任务，也必须同企业的市场等相关部门密切配合，做到知己知彼，才能明确自己努力的方向和目标。

看自己：看竞品是知彼，看自己就是知己。了解我们自己的产品当前的可靠性处于什么水平，与竞品相比差距在哪里，这是非常重要的。其实这种比对分析不仅仅在整个企业、产品级别特别重要，在可靠性的各个领域都是必需的。比如我们在做一些底层的器件、材料的替代，同样需要基于这种可靠性的比对分析，才能确定改进的设计和工艺方案。

看问题：看问题其实也可以认为是“看自己”的一部分，即，目前在我们的产品和技术领域，都存在哪些具体的可靠性问题或缺陷，这也是我们后续需要加以改进的重点方向。这项工作需要结合例行的问题分析来完成。后面我们还会更具体地介绍这部分内容。

（2）总体技术框图。

对于通过“五看”识别出的可靠性需求和问题，需要进一步加以分析，从必要性和可行性等方面，确定哪些需要纳入今年的可靠性技术规划，纳入可靠性规划的需求和问题，则以可靠性技术框图的形式呈现。

可靠性技术框图以产品或技术为维度，将通过“五看”识别的可靠性技术需求、特性和问题，按类别加以归纳整理，并用不同颜色或标记标识出技术成熟程度。

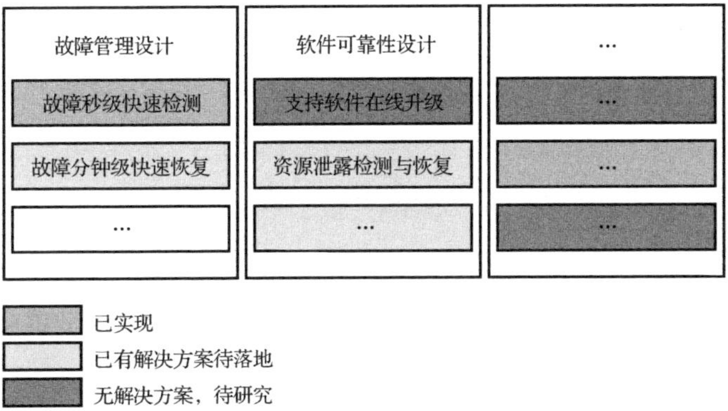

图 4.3　可靠性规划技术框图示例

通过可靠性技术框图，可以对可靠性技术整体成熟程度有一个全面的认识，从而为后续的技术规划进一步指明方向。

（3）技术路标与计划。

确定了哪些可靠性需求和问题需要纳入本年度的可靠性技术规划，接下来就要制订技术方案的实施目标与计划。如，对于已有解决方案但尚未在产品上实现的特性，需要与产品线可靠性团队协商具体的实施计划，并纳入产品线自己的可靠性技术规划。而对于还没有解决方案的需求和问题，则需要明确找到解决方案的途径和计划，如自研还是对外合作。

（4）资源与预算。

无论是技术方案研究还是解决方案落地，都需要相应的资源和预算支撑，这个也是可靠性技术规划中重要的内容，包括人力和资金的需求。

4.3.4 可靠性能力建设

即便是管理部门，也绝不能脱离产品、脱离技术。在实施可靠性管理的同时，还必须兼顾可靠性技术的研究。尤其是企业级的可靠性部门，其职责不仅仅是保障企业产品的可靠性，还要不断引领企业可靠性技术向更高水平发展，才能持续保持领先地位。因为随着技术、产品的不断发展，会带来很多新的可靠性问题，因此可靠性新技术、新方法的研究与应用，也是可靠性管理部门的重要职责。

除了新技术、新产品、新市场给可靠性带来的新挑战之外，还需要持续关注产品的各种可靠性问题，尤其是其中的共性问题。可靠性管理部门应该站在整个企业的层面，统观企业所有产品面临的可靠性问题，从中抽取共性的、重要的可靠性问题作为企业级的可靠性专项，组织各产品线、各业务领域的专家成立专项组，研究解决方案，并将解决方案形成可靠性技术 CBB（Common Building Block，通用构建模块），在整个企业中推广应用。

4.3.5 可靠性流程的建立与维护

前面讲可靠性流程的时候我们讲到，可靠性流程的运作责任主体是研发部门，但前期可靠性流程的构建则是可靠性管理部门的职责。可靠性管理部门应确保可靠性工作能够切实纳入产品的研发流程，落地实施并取得实效。包括流程支撑所需的数据库、文档、标准规范、工具等。在流程建立以后，可靠性管理部门还要负责监控整个流程的运转情况，以及流程的更新维护。

从上一章的可靠性组织结构中可以更清晰地看出，与研发流程结合的可靠性流程的执行是由产品线级的可靠性团队负责的，即，每个产品线的可靠性团队负责各自所在产品线中各产品可靠性流程活动的执行。但可靠性流程的建立和维护则是企业级可靠性管理部门的职责。如果把可靠性流程比喻为道路，那么修路和道路维护是由可靠性管理部门来负责的，而道路的运营管理则是由产品线可靠性团队负责的。这样做的好处是可以确保可靠性流程的一致性和专业性，当然就像所有可靠性技术和要求一样，企业级可靠性管理部门制订统一的要求和标准，而具体到下面的产品线，则可能需要根据具体情况做一些调整或裁剪，但基本的原则仍然需要按照企业可靠性工作的总体要求执行，且所做的调整需经过企业级可靠性部门的认可。

可靠性流程最初建立好之后，按照上面所述的职责分工，流程的执行则交接给产品线可靠性管理团队负责，但为了确保可靠性流程的正常有效运行，可靠性管理部门仍需对可靠性流程的运转情况进行检查。初期可以针对重点产品的重点可靠性活动进行抽查，及时发现问题并改进。当确定流程已完全正常运行后，则可以彻底交给产品线的可靠性管理团队，而企业级的可靠性管理部门主要负责流程的维护即可，比如新技术的引入，以及基础数据、文档、工具等的更新。

4.3.6 可靠性数据统计分析

可靠性数据的重要性使得我们这里把它单独作为一项工作列出来。之所以如此重要，是因为可以从中获取众多非常有价值的信息和数据，可以据此了解产品在实际使用过程中的可靠性状况。这些信息和数据也是下一年度可靠性技术规划和产品设计改进的重要输入，也就是上面所谓的“五看”中的看问题。

可靠性数据的收集、统计分析应例行化，可以以年度为周期开展。借助 FRACAS 系统，通过可靠性管理/技术委员会，由企业级可靠性部门组织下属各产品线、业务部门共同参与，以便及时掌握各产品线、各产品的可靠性现状，分析了解可靠性工作的短板在哪里，作为可靠性技术规划的重要输入（见图 4.4）。

在一些企业中，此类数据的统计与分析是由质量部门负责的，而最原始的数据则主要在售后和维修部门，因此要想把这个工作做好，往往需要组织几个相关部门共同进行，这些工作包括相关的 IT

流程和系统的建设与运转。

有关 FRACAS 系统的概念和介绍在其他可靠性书籍和资料中都有非常详细的介绍，这里不再赘述，下面重点介绍在企业实践过程中需关注的几个主要问题。

（1）FRACAS 系统的建立。

FRACAS 系统本身是一个数据采集分析系统，在企业的实践中，它不一定是以一个单独的系统的形式存在，甚至不一定叫这个名字，所有能完成相应功能的系统都可以称为 FRACAS 系统。

如上所述，企业相关的数据收集分析职能通常放在质量部门，这也很正常，因为很多企业在没有搞可靠性工作之前，通常都已经建立了标准的质量体系，如 9000 质量体系，而质量数据分析以及相应的质量回溯是质量管理体系中重要的手段，甚至已经构建了相应的 IT 流程和系统。

另外，如图 4.4 所示，可靠性工作所需的数据信息可能遍布于开发流程的各个阶段，同样可能牵扯到不同的业务部门，如研发、测试、生产、售后和维修等。而不同开发阶段和业务部门的数据信息可能又分别存储于不同的 IT 系统，因此我们在构建可靠性 FRACAS 系统时，需要充分考虑企业当前的现状，与现有的流程和 IT 系统相融合，在满足可靠性数据收集分析的前提下，尽可能简化流程和降低成本。

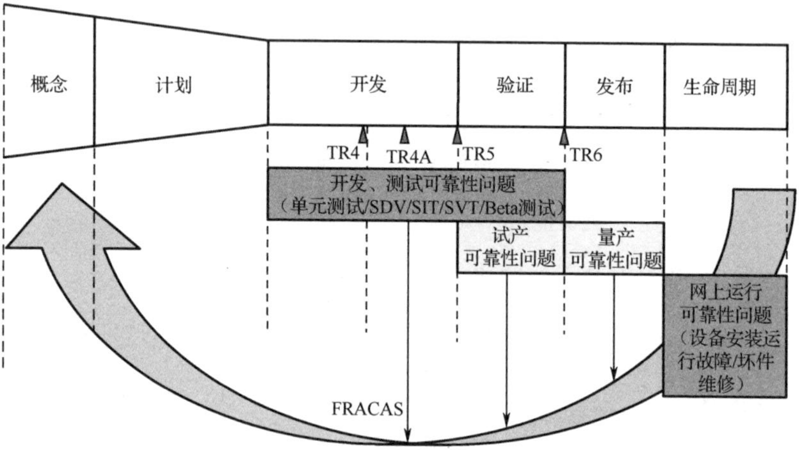

图 4.4　通过 FRACAS 收集统计可靠性数据

（2）关注数据源的准确性。

在数据分析系统中有句名言：Garbage in，Garbage out，其中强调的是，要想得到有价值的数据分析结果，一定要确保数据源的充分性和准确性，否则就可能得出错误的结果。因此，要求我们可靠性工程师必须深入到市场一线，与售后工程师深入交流，确保可靠性分析所需数据信息的全面性和准确性。

从可靠性的角度，数据源的准确性主要体现在两个维度：

第一是时间准确性。可靠性工作的很多统计特性都与时间密切相关，如工作时间、失效时间、业务中断时间、修复时间等。而时间的统计精度与产品和业务密切相关。如统计 MTBF、MTTR 之类的指标，则一般需要以小时为单位；而对于业务中断/恢复时间，有时则需要精确到秒级甚至更低粒度。这样往往需要现场必须具备相应的时间记录手段或工具。

第二是描述准确性。其中主要包括失效现象、失效原因、现场处理措施等。这些信息是后续进行可靠性数据分析的关键输入。要做到这一点，首先需要对一线的售后工程师进行相应的可靠性培训，明确数据记录的要求，并在现场问题记录单上予以体现。对于那些现场无法详细记录的信息，如根因分析和最终的改进措施，则需要进一步追溯详细的问题分析报告，只有这样的数据分析对于可靠性工作才是有价值的。

（3）数据的可追溯性。

可靠性的很多统计特性的基础是数据的可追溯性，比如我们要统计某种类型的器件的失效率和失效模式，就必须对统计样本中这些器件的全寿命周期进行完整的追溯，从物料采购、上板、运输、储存、运行、故障、维修等方面入手，不仅包括准确的工作时间，还必须包含准确的失效现象、原因的记录。

如上所述，可靠性工作的相关数据信息可能横跨多个流程阶段，涉及多个业务部门，这就使得数据的可追溯性变得非常困难。比如很多企业的售后部门只负责 LRU（现场可更换单元）级别的更换，并不负责 LRU 的维修，维修则可能是由企业另一个部门甚至外包的第三方负责的，此时要想确保基础数据的准确性和完整性，单纯靠售后部门是无法达成的，就必须把相关的部门打通。

当然，一个完善的IT系统是最理想的状况，它能够把所有相关的环节都串联起来，并能把所有需要的数据信息都采集上来。一个企业如果能从一开始就针对这样的IT系统做出完善的规划当然是最好的，但现实当中往往很难做到。企业处于不同的发展阶段，不同的业务部门根据自身的业务需要，都会应用不同的IT系统，而基于新的需求去整合这些旧的系统也不是件简单的事情。所以在依赖IT系统的同时，有时就要求我们的可靠性工程师不得不人工完成一些数据的收集分析工作。做可靠性数据的分析工作，有时就需要有一种“打破砂锅问到底”的劲头，尤其是对于一些重大可靠性问题，有时不得不深入一线，与研发和售后工程师面对面交流，以获取更全面更准确的信息。

4.3.7 可靠性共享平台建设

作为企业级的可靠性管理部门，另外一个重要的职能就是实现可靠性技术在企业内的共享，尤其是对于那些具有多个BU或产品线的企业，这样在提升产品总体可靠性水平的同时，还能最大限度地减少重复开发工作量，降低成本。

实现可靠性共享的途径大致包括以下四点。

（1）CBB 的开发与应用。

可靠性的 CBB 通常是作为可靠性流程中，用于支撑可靠性需求和特性的实现而存在的。但无论如何，顾名思义，CBB 是实现可靠性技术共享的一种最基本的方式。通过对于各产品线所面临的共性可靠性需求和特性，而开发的公共技术方案，并由此形成的可靠性 CBB 库，将面向整个企业所有产品实现共享，这些 CBB 技术方案都是经验证的、成熟的、有效的技术解决方案。

（2）可靠性共享案例集。

可靠性共享案例通常都是由各产品实际的可靠性问题解决方案总结整理而来的。企业可靠性管理部门可以将其作为可靠性管理的一项例行工作，下发给下面的产品线和业务部门可靠性团队，由他们总结、提炼后，提供素材，形成可共享的可靠性案例，通过可靠性体系的平台在整个企业内实现共享。这样，对于一个产品线已解决的问题，其他产品线可直接拿来应用或借鉴采用，大大节省了开发和测试的时间和成本。

无论是 CBB 的开发还是可靠性共享案例，形式上力求简单明了，通常用一页纸或一页 PPT，即把问题、方案和效果说清楚，文字和图片都是必不可少的元素。

（3）可靠性工程大会。

另外一种实现可靠性共享的方式就是召开企业内部可靠性工程

大会，可以季度或年度为周期。同样的，由各产品线或业务部门基于自身的实际工作总结整理报告，在大会上分享交流。同时对于优秀分享者予以一定的奖励，在分享技术成果的同时，也起到奖励先进，带动整个体系进步的作用。

（4）行业可靠性会议。

行业可靠性会议指的是企业外部的国内/国际可靠性会议，这种会议同样是非常重要的共享技术平台。所谓低头干活儿，抬头看路。可靠性工作也绝不能故步自封，闭门造车，而是要多跟同行交流。尤其是企业的可靠性管理部门，肩负着引领企业可靠性技术发展的重任，更应该持续关注整个行业的发展动态，以不断吸收新的思想和技术，提升自身的能力。实际上，建立起与外部资源的交流共享渠道，也是企业可靠性管理部门相对于产品线和业务部门可靠性团队的一种优势。

为了使这种交流共享取得应有的效果，参会交流也应形成一定的管理制度，避免“走过场”。对于可靠性行业来说，各种国内外的研讨会很多，首先企业需要遴选出哪些会议更适合自己，与自己的产品、业务和发展阶段最匹配，然后再据此确定具体的参会人选，并固定下来。比如 ISSRE（International Symposium on Software Reliability Engineering 软件可靠性工程国际研讨会）是有关软件可靠性的会议，就需要由企业内软件可靠性团队指定人员参加，之所以要固定人选，是希望能对会议的技术内容和专家交流形成连贯性。

4.3.8　可靠性体系绩效考核和任职资格评定

可靠性业务管理部门对整个可靠性体系进行管理，其中一个重要有效的手段就是掌握对整个体系人员的绩效考核责任。通常绩效考核的责任属于行政部门，而企业的可靠性体系是行业体系，并非行政组织，不掌握人员的绩效考核，但这样可靠性管理部门就很难对体系内的可靠性人员进行管理，因此，对于那些行政上隶属于各产品线、业务部门的可靠性人员的绩效考核应全部或部分划归于可靠性管理部门，以利于管理。

另外一方面是可靠性工程师的任职资格评定，这也是对行政上不隶属于可靠性部门的可靠性工程师们实施有效管理的一种手段。通常，工程师的任职资格评定，即升职申请，是由所在的行政部门评定的。比如产品的可靠性工程师应该在产品研发部门申请和评定，器件可靠性工程师应该在器件部门申请和评定等。但同样是为了对这些可靠性工程师进行有效管理，企业的可靠性管理部门应从行业体系的角度，掌握任职资格评定的权力。或者作为产品和业务部门的可靠性工程师，可以选择在行政部门任职还是在行业体系任职。

4.3.9 可靠性技能培训

可靠性工作是一项需要全员参与的活动，这一点跟质量管理中的TQC（Total Quality Control，全面质量管理）的思想是一致的。而相对来说，可靠性工作更偏重于设计，绝大部分的可靠性设计工作实际上都是需要开发人员参与或配合完成的。所以对整个企业的员工，尤其是开发人员，可靠性培训和赋能至关重要。可靠性管理部门应该制订全面、详细的可靠性分级培训计划，并通过考核上岗的形式确保培训效果，这个分级的计划应该包括以下三方面。

（1）对新员工的可靠性培训。

新员工的入职培训中应包括可靠性培训课程，着重介绍可靠性的基本概念、流程、方法，以使所有员工在刚进入企业时就牢固树立可靠性的意识。

（2）对在职的一线开发工程师/业务工程师的可靠性培训。

这个培训应偏重于可靠性的方法应用，尤其是可靠性流程中的活动。

培训课程的设置应根据产品专业确定，比如系统可靠性、硬件可靠性、软件可靠性等。同时课程应着重理论联系实际，即在介绍理论方法的同时，更多地要辅以实际的案例讲解。

（3）对可靠性专业工程师的培训。

对可靠性专业工程师的培训应偏重于可靠性技术方法及其如何与产品结合应用的介绍。另外，对于可靠性专业工程师，除了可靠性理论培训之外，应更多参与产品实践，尤其是从事管理岗的可靠性工程师，最好能先安排一到两年的产品实习，再回来从事管理类工作。

无论哪一级的培训，也无论是线下还是线上培训，都应该辅以严格的考核制度，培训结束应有考试，在规定的次数内考核合格才能上岗，如不合格则不能上岗，并将考核结果与相应人员的职级和待遇挂钩。

4.4　企业的可靠性考核体系

前面分别介绍了可靠性的组织结构，以及借助这个组织结构可以做什么，即实施可靠性管理活动。接下来探讨如何确保这个组织结构的有效性，以及这些管理活动的有效性。任何的管理活动，如果没有强有力的管理手段，都可能最终会落空，继而使构建的整个可靠性体系无法有效运转，企业的可靠性目标无法实现。

可靠性工作的关键绩效指标（Key Performance Indicator，KPI）考核体系就是确保整个可靠性体系有效运作的重要管理手段。

KPI 考核体系想必大家并不陌生，很多企业都已在实施这一管理措施。这里主要是结合可靠性业务，探讨在可靠性体系中如何施行 KPI 考核。

4.4.1 实施可靠性 KPI 考核的目的

实施可靠性 KPI 考核，确保可靠性体系有效运转的最终目的如下。

（1）确保企业长期可靠性战略目标和阶段性目标的实现与落地。

在前面的章节中，我们在介绍可靠性技术体系时，顶层是企业的可靠性战略目标或称愿景目标，而这个愿景目标是由可靠性三级组织结构中的企业级可靠性部门制定的。除此之外，在日常的可靠性工作中，企业级可靠性部门还必须及时洞察市场、技术、产品的最新发展状态，以确定企业可靠性发展的阶段性目标，从而不断地引领企业可靠性的发展，以及满足不断变化的市场需求。为了确保所有这些目标的实现，企业级可靠性部门需要将其一层层地分解、下发到下面的各 BU/PL 以及业务部门，并为下属各部门任务完成情况制订可操作、可验证的 KPI 指标，以衡量其任务完成质量。

（2）奖励先进，树立榜样，激励整个团队的积极性。

KPI 考核需与职级评定、奖金分配以及各种奖惩制度挂钩，重点以奖励为主，旨在以榜样的力量带动整个团队前进。在所有这些奖励措施中，可靠性体系应具有主导权。对于行政上隶属于研发体系、业务部门的可靠性工程师，可靠性体系可根据其 KPI 考核结果，对其职级和奖金等有话语权。同时，可靠性体系自己也应有相应的奖励制度，包括任职指标和奖励资金，在可靠性体系内部对 KPI 完成情况优秀的集体和个人予以奖励。

4.4.2　实施可靠性 KPI 考核的原则

1. KPI 指标的设定

KPI 指标本质上是个比较宽泛的概念，可以是定量的，也可以是定性的。可以是产品的可靠性指标，也可以是某项任务完成程度的指标，但其基本的要求是可操作、可验证。如：

- 产品的返修率不得超过 x%；
- 产品可靠性问题的解决方案落地数量；
- 可靠性专利个数；

……

2. KPI 指标的下发

通常企业级可靠性部门确定了可靠性目标后，通过可靠性管理/

技术委员会，以年度可靠性技术规划的形式，将总体 KPI 下发给下面各 BU/PL 和业务部门的可靠性团队，再由下面的各可靠性团队根据情况进一步下发给相应的个人，落入个人的 KPI 考核项。

另外一点需要特别强调的是，可靠性 KPI 考核体系除了适用于可靠性体系内部之外，还必须兼顾其他的相关领域，尤其是产品的研发部门。因为我们一再强调，可靠性工作并不仅仅是可靠性部门的事，同时也是研发部门的职责，因为可靠性本身就是产品的一种固有属性。所以对于一些与产品可靠性密切相关的 KPI 指标，也需要下发到研发部门，纳入到研发部门负责人的 KPI。比如上面提到的产品返修率指标，这个指标与产品紧密关联，必须由相应产品的开发负责人来背。这样做的好处在于，要让研发部门清晰地认识到自己所背负的可靠性责任，从而更加重视产品开发过程中的可靠性活动落地。

3. KPI 指标的考核

KPI 指标的考核就如同其下发过程一样，需要遵从逐级逐层的原则。企业级可靠性部门负责本部门人员以及下属各 BU/PL、业务部门可靠性 KPI 的考核；各团队再对团队内可靠性工程师实施考核。给研发部门负责人下发的产品可靠性 KPI 则由研发部门更高层级部门（如事业部、产品线总裁）或企业 CTO 考核，可靠性体系可针对可靠性 KPI 给出参考考核意见。按照企业总体的考核制度，可靠性 KPI 指标的考核也可以按季度、半年、全年来进行。

4.5　可靠性工程师的职业发展通道

4.5.1　可靠性工程师的职业技能要求

企业需要什么样的可靠性工程师，或者说，要成为一名合格的可靠性工程师，都需要具备哪些技能？实际上在企业当中，需要的可靠性工程师是有多种类型的，对技能的要求也有所不同。在前面介绍的可靠性三级组织结构中，至少包含以下几种可靠性工程师。

（1）可靠性专业工程师。

在企业级可靠性部门中负责整个企业的可靠性行业管理工作，技能要求的关键字是“全面”，包括全面的可靠性系统工程专业知识，以及产品和工程的全面了解，要求同时兼备技术和管理能力。相当于产品里的系统工程师 SE（System Engineer）的角色，是整个企业可靠性工作总体策略的制定者，可靠性体系的构建者和管理者。

（2）产品可靠性工程师。

专注于某一类或某一个产品的可靠性工作，即三级组织结构中处于 BU/PL RMT 或更下面的产品 RSE，他们的主要职责就是负责该（类）产品具体的可靠性工作。对他们的技能要求则包括全面的可靠性专业知识，以及对该（类）产品的了解。

（3）领域可靠性工程师。

也称为专业可靠性工程师，这里的领域或专业是指某一个技术领域或专业，实际上也包括两类：工程领域和产品领域。

工程领域可靠性工程师：就是我们常说的业务部门的可靠性工程师，比如器件可靠性工程师、工艺可靠性工程师、可靠性试验工程师、EMC 工程师等。这些可靠性工程师专注于某一个工程领域的可靠性技术研究与应用，是该领域的可靠性技术专家。

产品领域指的是一些产品共用的或特定的技术和模块，比如数据库、硬盘、电源，无线通信领域的射频 RF 等。这些产品领域的可靠性技术研究要求必须具备该领域相当深厚的技术背景和能力。

由此可见，一个企业既需要在“面”上掌控大局的可靠性专业工程师，也需要在各个“点”上深耕的产品可靠性工程师和领域可靠性工程师，由他们共同支撑起企业的可靠性体系，为企业和产品的可靠性保驾护航。因此，企业应及早布局，为培养各方面的可靠性专业人员创造必要的环境和条件。而从可靠性工程师的角度，也需要及时找准自己的定位，并按照职位的要求，不断提高自身的技能水平，以适应企业发展的要求。

4.5.2　可靠性任职资格标准

前面我们简要介绍了企业中不同类型的可靠性工程师及其所需的技能要求，而对可靠性工程师及其职业发展通道进行更详细的规划，则可以通过可靠性任职资格标准来完成。

任职资格标准 NVQs（ National Vocational Qualifications）是从英国引入的一种职业活动能力的认证体系，目前有很多国内的企业都已经在其人力资源管理系统中采用，它可以帮助企业的员工明确其工作职位的标准要求，以及晋升通道和愿景，具体到可靠性工作，其意义包括：

- 使可靠性工程师明确其工作职位的标准要求，明确晋升通道和愿景；
- 使可靠性工程师的工作表现和工作能力得到认可，从而起到激励的作用；
- 使可靠性工程师了解到自身的差距及改进办法，从而不断学习，提高能力；
- 确定可靠性方面的培训需求，设置培训课程，评估培训效果；
- 为可靠性工程师的招聘、定岗定薪、职位晋升等提供依据。

可靠性任职资格标准的一个样例结构如下：

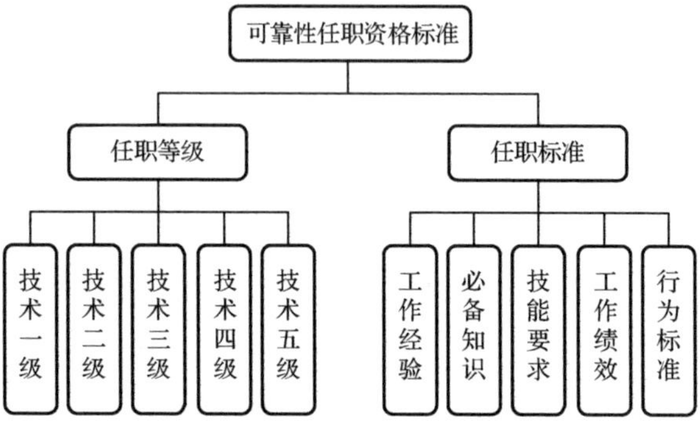

图 4.5　可靠性任职资格标准结构示例

可靠性任职资格标准由任职等级和任职标准两部分组成。

任职等级即可靠性工程师的级别，类似于目前国内很多企业实行的助理工程师、工程师、主任工程师这样的职称等级。根据每一等级的任职标准要求，对企业内的可靠性工程师任职等级进行评定，等级与薪酬待遇挂钩，主要目的是牵引可靠性工程师不断提升自身的技能，从而带动整个企业可靠性水平的不断提高。

针对每个级别的可靠性工程师，都有非常具体的认证标准要求，这些要求通常包括以下几个方面：工作经验、必备知识、技能要求、工作绩效和行为标准。

- 工作经验：指从事本岗位工作必须具备的专业工作实践经验，通常以年限来度量；
- 必备知识：指与行为标准相配套的对知识的要求，它可证明在某一要素方面，在知识上达到了要求。这些知识的掌握有助于开展工作；

- 技能要求：指熟练运用各种方法合理配置资源解决某一特定问题的某一方面的能力；
- 工作绩效：指人们在工作中所取得的成绩，对员工个人来说，就是指上级和同事对自己工作状况的评价结果；
- 行为标准：指承担某部分工作的非常具体的要求。标准描述达到合格的操作及可以观察到的绩效，即具体描述操作的行为及结果。

通过可靠性任职资格标准，明确每个等级的可靠性工程师在以上五个方面的要求，从而形成一个如图 4.6 所示的可靠性任职资格标准矩阵。这样企业里的每一位可靠性工程师就可以清楚地知道，自己要达到某个职级，必须具备怎样的经验、怎样的技能，从而明确自己的努力方向。同时基于任职资格而确定的可靠性工程师职级，也与工程师的薪酬待遇等挂钩，从而激励我们的可靠性工程师不断提升自己。

可靠性任职资格标准同样是实施可靠性管理的一种重要手段。标准的制定和职级评定应由企业级的可靠性管理部门负责，标准的适用范围涵盖整个可靠性体系内所有的可靠性工程师，包括产品可靠性工程师和各领域可靠性工程师，都可以选择在可靠性体系内任职。而作为整个企业任职资格标准体系的一部分，可靠性体系自身也应有职级指标，并可独立对可靠性体系内的可靠性工程师每年的任职、升职做出评定。

	工作经验	必备知识	技能要求	工作绩效	行为标准
技术一级					
技术二级					
技术三级					
技术四级					
技术五级					
…					

图 4.6　可靠性任职资格标准矩阵

4.6　本章小结

企业要想搞好可靠性工作，关键是要确保“由正确的人做正确的事”，而其中“正确的人”对应的就是可靠性管理体系，而“正确的事”则对应可靠性技术体系。

可靠性管理体系要解决的是人和能力的问题，包括如何培养可靠性工程师，以及构建可靠性的组织结构。可靠性工程师也有不同的类型，但基本上，要成为一名合格的可靠性工程师，需要具备“两条腿走路”的能力，即需要同时具备可靠性和产品或技术等方面的知识和能力。虽然最初的可靠性工程师可以有不同的来源，但最终还是要靠企业自己来培养，可靠性人才也是一个企业的核心资产之一。而可靠性组织结构的建立同样体现了可靠性与产品或技术的结合。构建多层的可靠性组织结构，就是要在产品和各相关业务领域构建起可靠性能力。而单层的可靠性组织形式，由于缺乏来自产品和业务部门的支撑，往往难以发挥效能。

多种类型的可靠性工程师，多层的可靠性组织架构，构成了复杂的可靠性管理体系，要想让如此庞杂的一个体系有效运作，必要的管理手段是不可或缺的。因为，其中很多的可靠性团队或工程师在行政上并不隶属于企业的可靠性部门，他们是产品开发团队或业务部门的人。那么作为企业的可靠性部门如何去管理和调动这些人，就需要借助一些管理手段，包括本书提到的绩效考核权、任职资格的评定权等。当然，除了作为管理手段，这些工作也为企业可靠性工程师的职业发展提供了指引，帮助他们不断提升自己的专业能力和工作绩效，使他们在可靠性工程师的岗位上不断向上发展。同时，企业也应该在考核结果和任职名额等方面适当向可靠性工程师倾斜，以提升可靠性工程师的成就感和工作动力。

第 5 章

企业可靠性工作的未来展望

最后，我们来对可靠性的未来发展做一个展望。

5.1　可靠性工作在企业的发展前景

在本书的开篇即讲到，可靠性是产品的一种固有属性，可靠性设计是产品研制的一个固有组成部分。可靠性工作，你做与不做，它都在那里。区别仅仅在于是朴素的、零散的可靠性方法，还是系统的、科学的可靠性方法论。从这一点来看，企业应该做何选择就显而易见了。

目前国内众多企业正处于从传统中低端市场向高端市场转型的关键阶段，面临较大的发展瓶颈。笔者原来工作的企业也曾经历过这一阶段，笔者的亲身感受是，可靠性工作在这一重要的转变过程中可以发挥巨大的作用。很多情况是，企业的产品功能、性能上去了，价格也更高了，但产品的稳定性、可靠性、安全性却没有跟上，跟市场上传统的高端竞争对手还存在一定差距，可靠性不“高”，仅仅是价格“高”了，是不会得到用户和市场的认可的，所谓冲击高端市场也不可能成功。

另一方面，从发展国有自主产权技术的角度，可靠性工作也一定会担负起先锋作用。目前国家对新技术领域的自主知识产权极为重视，势必要在各个领域实现突破，越来越多的国产产品会替代进口产品，那么阻碍这一过程实现的除了技术问题，其实更多的是可靠性问题。我们在很多领域并不是没有国产替代产品，而是可靠性不达标，比如很多类型的电子元器件。很多企业不采用，是因为这些元器件的可靠性还达不到世界领先水平，如果硬要替代，则会降低产品市场竞争力，以及导致一系列不良后果。所以在这些方面，我们还有很多工作要做。

总之，企业要提升自己的研发能力、产品质量和市场竞争力，就要重视可靠性。关键还是企业自身要在可靠性工作中做出效果，让可靠性在企业发展中真正体现出价值，所谓“打铁还需自身硬”。希望所有可靠性从业人员，都能够认识到这一点，发挥工匠精神，在自己所专注的领域不断深耕，以迎合这一重要历史发展时刻的要求。

5.2　可靠性理论的突破与发展

传统的可靠性理论最初起源于 20 世纪 40 年代的二战时期，距今已经有近 80 年了。80 年的时间，世界发生了巨大的变化，经历了从电力技术革命、计算机及信息技术革命直到最新的以人工智能、新材料技术、虚拟现实、量子技术、清洁能源以及生物技术等为技术突破口的三次工业革命，新技术的发展可谓日新月异。而与之相对的，可靠性的技术理论在很长的时期没有颠覆性的突破，似乎有些滞后于工业技术的发展。传统的基于概率论的可靠性工程理论仍然是现今可靠性实践的主要理论基础，当然，并不是说基于概率论的这套理论体系就是错误的，实际上，它仍然在工程实践中发挥着重大作用，只是由于上述的这种滞后性，导致它的理论体系存在一定的缺陷，这种缺陷表现在宏观和微观两个层面。

首先在宏观层面，基于概率论的可靠性理论没有考虑现实世界中普遍存在的不确定性问题，这些不确定性是很难用一种概率公式来准确描述的，比如在可靠性试验中经常遇到的小样本问题。

其次在微观层面，前面已经讲过，现有的可靠性方法、数据、标准等都或多或少存在滞后问题，受到各方面因素的影响，国外可靠性界的各种研究机构、协会、标准组织等，在方法研究、数据更新、标准制订等方面的投入都在显著减少，自然这些方面的成果也就非常少。很多企业在应用可靠性技术时，不得不自己去开展研究，自己去收集数据，自己去制定标准。这是传统可靠性理论在微观层面存在的问题。目前国内已有一些可靠性专业机构开始意识到这方面的问题，并着手开展这方面的研究。比如在深圳成立的为民可靠性系统工程研究院，就是面向企业成立的非营利性可靠性研究机构，除了提供常规的可靠性培训和咨询外，重点在于开展可靠性技术的研究与应用、数据收集，以及新标准制定与发布等。希望通过行业内大家共同的努力，能够促进可靠性技术的发展，更好地为企业服务。

5.3 可靠性与新技术的结合

可靠性与新技术间的结合其实是双向的，前面更多讨论了可靠性如何去适应新技术和新产品的发展，而反过来，新技术同样可以为可靠性所用，在可靠性技术和管理上带来新的启发和思路。

我们下面就以数字化转型为例，粗略探讨一下新形势下开展可靠性工作的一些新思想，权当抛砖引玉，请大家一起来探讨。我们知道，数字化转型背后的几大驱动技术包括智能化、大数据和云平台，这些新技术完全可以为企业的可靠性技术和管理提供帮助，解决传统技术无法解决的一些问题。下面举几个例子。

（1）以大数据为基础的可靠性智能统计分析平台。

传统的可靠性数据收集和分析采用的是FRACAS系统，这套系统存在的问题是，它通常只会在产品发生故障后，将与故障有关的数据和信息记录下来，并反馈给可靠性工程师进行分析处理，这不符合数字化转型数据处理的“全量全要素”要求，存在滞后性和片面性的缺陷。

而数字化则强调如实、全量、全要素的记录，也就是把可靠性相关的数据随时、全量地录入到系统中，并存储到云端，利用各种智能化处理技术以及大数据分析技术，对这些可靠性相关数据进行全面深入的分析，我们将这一系统称为可靠性职能统计分析平台，其数据分析的结果可用于故障预测和智能维护。

首先是故障预测。

传统的 FRACAS 只是在故障发生后记录故障相关的信息，而可靠性智能统计分析平台是在实时监测和记录产品的可靠性相关信息和数据，大数据分析技术为海量可靠性数据的分析处理提供了可能，采用机器学习等建模技术，可以随时监测产品的运行状态，一旦出现某种故障趋势，及时给出告警以采取预防性措施，更好地避免故障的发生，提升产品的可靠性。尤其是对于那些具有耗损型失效机制的机械和电子部件，如轴承、转子、硬盘、风扇等。

然后是智能维护。

基于上面的故障预测技术，将可以全面提升我们设备的维护能力，从传统的故障维护向智能化维护转变。传统的设备维护，包括定期巡检、年度停机检修等，很容易引入人为故障等，而且成本高、效率低。而可靠性智能统计分析平台可以通过对各类设备的运行状况和故障趋势进行准确、及时的监测，从而可以实现精细化的设备维护，针对每种设备不同的失效机理和失效趋势，制定相应的维护策略，最大限度地减少运营维护的不确定性。

本书支持单位

深圳市为民可靠性系统工程研究院

深圳乔合里科技股份有限公司

北京蓝威技术有限公司

多禾试验设备（上海）有限公司

西安从吾电子科技有限公司

质与实验室（深圳）有限公司

西安航弓机电科技有限公司